TENTACIONES
que enfrentan las
MUJERES

Mary Ellen Ashcroft

EDITORIAL
Vida
DEDICADOS A LA EXCELENCIA

EDITORIAL VIDA es un ministerio misionero internacional cuyo propósito es proporcionar los recursos necesarios para evangelizar con las buenas nuevas de Jesucristo, hacer discípulos y preparar para el ministerio al mayor número de personas en el menor tiempo posible.

ISBN 0-8297-1845-1
Categoría: Mujeres

Este libro fue publicado en inglés con el título *Temptations Women Face* por InterVarsity Press

Diseño de cubierta / fotografía por John Coté

Índice

Prefacio

La manera tradicional de enfocar las tentaciones ha sido siempre la guerra. Combátalas; no se rinda ante ellas; halle estrategias para lidiar con ellas; acabe con ellas ante de que ellas acaben con nosotras. ¿Qué sucede cuando enfrentamos nuestras propias tentaciones con esta actitud?

Cuando la tentación nos deja ver su feo rostro, arremetemos contra ella, cegadas, asestando golpes enfurecidos. Tenemos miedo de mirarla, como también tenemos miedo de cuestionar cómo podría afectarnos. En alguna parte de nuestra conciencia hay una voz que nos dice: "Si cometes un pecado como éste, si la tentación tan sólo cruza por tu mente, debe ser que eres una persona muy mala."

Tratamos de matar la tentación a palos, pero en realidad, lo único que hemos hecho es dejarla inconsciente. La encerramos en un armario y clavamos unos cuantos clavos en la puerta. Entonces nos decimos: "Bueno, se acabó el problema." Pero la tentación y los monstruos del pecado crecen en los armarios oscuros, y tarde o temprano emergerán más grandes y aterradores aún. Y entonces nos encontraremos atrapadas en una espiral de culpa, falta de conocimiento propio e impotencia.

Hay otro modo de mirar las tentaciones. Se trata de no negar el problema, sino mirarlo como un síntoma. Cuando la tentación o el monstruo del pecado salen del armario, necesitamos detenerlos antes que nos amedrenten, y debemos preguntarnos qué nos dice su presencia sobre nosotras mismas.

Nuestra reacción a nuestra propia tentación puede ser como la reacción que mostramos cuando un niño hace algo inesperado, como robar o fumar. Nuestro primer deseo quizás sea el de gritarle y pegarle para someterlo. Pero eso sería una solución superficial del problema. Los padres inteligentes tratarán de averiguar qué indica este comportamiento con respecto a otras necesidades más profundas, con respecto a otros problemas y sentimientos del niño.

Lo mismo pasa con nuestras propias tentaciones. ¿Por qué me siento tentada por un par de sandalias rojas o por un pastel de chocolate? ¿Por qué estoy chismoseando de mi vecina, presionando a mi hija a que salga sobresaliente en los exámenes, o alimentando la envidia hacia mi cuñada? El autoexamen, el entendernos a nosotras mismas, es un paso esencial en nuestro camino hacia la santidad. Pablo les dijo a los cristianos de Corinto que se examinaran a sí mismos. Cuando nos miramos interiormente, nos damos cuenta de que no nos hemos examinado a menudo, o que no nos conocemos a nosotras mismas, ni tampoco el poder de nuestras emociones.

No es de sorprender que como mujeres, no nos entendamos a nosotras mismas. Siempre hemos creído las viejas historias que sobre nosotras se han dicho. Durante años, los estudios de psicología o sociología nos han mostrado conclusiones que se relacionaban más con la moral masculina y su modo de tomar decisiones que con la nuestra. Con todo eso, sería algo sorprendente si *no* estuviéramos confundidas. Esta confusión nos ha hecho vulnerables, y cuando no estamos en contacto con lo que somos y con nuestras emociones, es más fácil que caigamos en la tentación.

Cada una de nosotras debe decidir cómo manejar la

tentación, y cómo hacerlo siendo mujeres. En este libro vemos que las diferencias entre hombres y mujeres ponen de manifiesto el lado femenino de los siete pecados mortales. Y aprendemos, valiéndonos de este conocimiento, cómo podemos lidiar firmemente con el pecado, encontrar la libertad verdadera y comenzar a construir una vida santa y plena.

Prólogo

Conocí a Jill poco después que se casó con Gavin. Jill lucía bellísima: Cuando íbamos caminando por una calle de Seattle, la gente se volteaba para mirarle el pelo negro brilloso y la ropa de última moda. Yo me sentía como su estuviera al lado de una estrella de cine. Pero al mismo tiempo, Jill era una persona sensible, gentil y cristiana. Quizás por eso cuando cometió adulterio y se divorció, cinco años después, fue un choque tan grande para mí y para los que la conocían. Cuando el divorcio concluyó, hablé con ella, preguntándome qué pensaba de lo que había hecho.

Jill creció en el sur, y como casi todas nosotras, aprendió desde la niñez lo que había de significativo en ella. Era una niña bonita y su papel era ser linda. Su hermana mayor era más inteligente, y el hermano menor era el bebé de la casa. "Cuando mi hermano tenía casi cuatro años — dijo Jill —, se negó a ir a la consulta del médico con mi mamá y conmigo. Allí le dio un berrinche, y resultó ser porque no quería oír a nadie más decir lo linda que era yo."

Según Jill fue creciendo, se dio cuenta de que su identidad y su importancia radicaban en su belleza. Se hizo cristiana en una iglesia bautista, pero incluso otros jóvenes apreciaban más su bella apariencia que su inteligencia o su crecimiento espiritual. Jill escogió asistir a una universidad cristiana. Allí se hizo una animadora y estuvo en el cuadro de honor; se integró a un grupo de amigos con los que iba a pasear en vagones de heno y en trineos.

En el tercer año de la universidad todos estaban buscando pareja. Jill se aparejó con Gavin, que era muy popular, buen mozo, y un estudiante brillante. Todos en la universidad pensaban que era la pareja ideal. "¿Había algo mejor para nosotros que comprometernos cuando Gavin se graduara . . . ? De manera que lo presioné para que me regalara un anillo de compromiso." Apenas se conocían, pero ella era la adorable sureña, y él era el apuesto sureño. Hacían la pareja perfecta, así que todos sus amigos, profesores y familiares dieron su aprobación.

Jill y Gavin se casaron y se mudaron a Seattle. Durante el primer mes se deprimió. Estaba acostumbrada a tener a la familia y los amigos cerca de ella; entonces comenzó a sentirse sola y atrapada, sin nadie que le pudiera brindar ayuda. Después de algunas semanas trató de decírselo a Gavin y éste se atemorizó mucho. "Nosotros éramos la pareja cristiana perfecta, graduados de una universidad cristiana, y estábamos muertos de miedo", dijo Jill.

Jill se dio cuenta, por la respuesta que le dio Gavin, de que él no podía entender su miedo, o su ira, o su depresión, o su anhelo de cariño. Gavin sugirió que lo que ella necesitaba era un mejor tiempo devocional. "Parecía como si estuviera diciéndome que yo era la niña mala, mientras que él era el hombre dulce e inocente que estaba estudiando para ser un maravilloso profesor cristiano de inglés."

Gavin se negó a acompañar a Jill para buscar ayuda, y ella pensó que quizás estaba demandando demasiado de él. O quizás él estaba tan atemorizado y poco preparado para el matrimonio como ella. El caso es que cinco años más tarde aún no habían obtenido ninguna ayuda.

Jill, desesperada por sentirse aceptada y cerca de alguien, añoraba tener intimidad, pero se sentía rechazada por Gavin. Nunca había aprendido a expresar sus necesidades. Se sentía condenada tanto en la iglesia como en la casa: era mala por ser materialista, por no ser una esposa comprensiva, por querer tener una carrera, por serles atractiva a los hombres, por querer atención de otros hombres.

"No era que estuviera envuelta físicamente con alguien en ese momento, pero estaba tan desesperada que me envolvía en relaciones platónicas con . . . eh, quizás con cincuenta hombres . . . que eran agradables conmigo y que se sentían atraídos por mí. Lo que ocurrió con Javier es que me permití ir más allá de lo que había ido antes con mi imaginación, y dejé que sucediera en la realidad."

Jill experimentó la tentación, y finalmente cayó en el pecado. ¿Es en algo diferente su experiencia de la tentación y el pecado por tratarse de una mujer? ¿Quién tiene la culpa? Las tentaciones que nos asaltan y los pecados en que incurrimos, son una compleja mezcla de lo que hacemos y de lo que nos hacen. Eso lo podemos ver tanto en la historia de Jill como en la nuestra.

PARTE I

¿Cuál es el problema?

CAPÍTULO 1

Las mujeres son diferentes: leyendas y descubrimientos

Mi hijo Andrew viene y me pregunta:

—¿Puedo salir con mis amigos esta noche?

Mi esposo le responde:

—¿Has terminado tus tareas, Andrew? Sabes que tenemos por norma que no puedes salir hasta que no termines las tareas.

Mi respuesta es mucho menos definida. Pienso en el hecho de que Andrew no es muy sociable, que no es muy usual que pida permiso para salir con los amigos, que los amigos son, a final de cuentas, más importante que un par de tareas. En mi dilema con respecto a esta decisión de poco monto, estoy mostrando una manera en que las mujeres son distintas a los hombres.

Síntomas, diagnósticos y recetas para el pecado

Muchos psicólogos y sociólogos piensan que las mujeres somos fundamentalmente diferentes de los hombres. Somos diferentes en el modo de pensar, la manera en que evaluamos las relaciones, el modo en que nos consideramos a nosotras mismas. La mujer que se ha preguntado por qué se preocupa más por las relaciones con otras personas que su esposo, que es más intuitiva que su compañero de trabajo, debe de haber encontrado en eso la confirmación de que ella es verdaderamente diferente. "Me sentí como que estaba leyendo algo en mi lengua materna por primera vez", dice Mary Stewart Van Leeuwen, una profesora universitaria, al comentar sus lecturas sobre las diferencias entre hombres y mujeres.

Si vamos a tratar de entendernos mejor a nosotras mismas, así como a las tentaciones que enfrentamos, debemos prestar atención a estos recientes descubrimientos, y compararlos con los estereotipos que el mundo nos ha presentado. Los estereotipos culturales que nos acosan, pretendiendo ser la sabiduría del mundo, son mitos que a menudo han destruido la vida de las mujeres.

Mito 1: Las mujeres son irracionales, ilógicas, caprichosas, y débiles.

Generalmente se dice: "No se puede discutir con una mujer", porque tienden a ser irracionales e ilógicas. Las mujeres ponen emoción en sus discusiones, y hablan desde un punto de vista de situaciones personales en vez de hacerlo desde un punto de vista conceptual.

"El sexo femenino es seducido con facilidad, débil y sin mucho entendimiento. El diablo busca vomitar este desorden a través de las mujeres . . . Quiséramos aplicar el razonamiento masculino y destruir la bobería de las mujeres."[1] Epifanio, a quien se le atribuyen estas palabras "provechosas", vivió desde el año 315 hasta el 403 después de Cristo.

Los hombres describen a las mujeres como ineptas para tomar decisiones, y las mismas mujeres a veces aceptan eso por equivocación. Un anuncio televisi-

---

1 Epifanio, citado en Janice Nunnally-Cox, *Foremothers: Women of the Bible* (Nueva York: Seabury, 1981), p. 152.

vomuestraunamujerquenopuededecidirseentredos marcas distintas de mezcla de tortas. ¿Cuál será mejor para mi familia?, ¿ésta? No, ¿aquélla? Las mujeres son ambivalentes, dudosas e indecisas. "La mujer tiene la prerrogativa de cambiar de idea."

Al enfrentarnos con argumentos racionales, decisiones, o situaciones traumáticas, sencillamente no podemos. Durante siglos nos hemos desmayado y nos han tenido que reavivar con sales aromáticas. Las novelas, los dibujos animados y los anuncios nos pintan como impotentes, pasivas e incapaces de manejar una situación sin un "superhombre". El mito de la mujer débil prevalece a pesar del hecho de que somos nosotras las que nos sobreponemos a las náuseas, los dolores de parto y el parto, y vivimos más que los hombres.

¿Hay algo de verdad en este mito de que las mujeres son irracionales, ilógicas, caprichosas y débiles? Aunque algunas mujeres han creído eso y han actuado de esta manera, ¿será posible que las diferencias fundamentales entre hombres y mujeres hayan conducido a este estereotipo? La psicóloga Carol Gilligan lo cree así, y sus descubrimientos ven a la mujer desde otro ángulo.

Descubrimiento 1: Como mujer, tomo decisiones usando normas distintas, porque las cosas importantes para mí son diferentes.

Las mujeres toman decisiones de manera muy diferente de la de los hombres, de acuerdo con Gilligan. En sus estudios sobre las mujeres desde los diez hasta más de cuarenta años, descubrió que las mujeres, más que los hombres, toman sus decisiones basadas en las relaciones. En situaciones similares, los hombres buscan principios en los cuales basar sus decisiones, mientras que las mujeres se preocupan más por mantener las relaciones estrechas que por la posibilidad de violar los principios.[1]

¿Por qué son las mujeres tan diferentes de los hombres en tomar sus decisiones? La psicóloga Nancy Chodorow encontró algunas respuestas en el modo en que los niños se relacionan con sus padres.[2]

Imagínese esta familia. Juan y Elvira tienen mellizos: Roberto y Lucía. Mientras que los niños son pequeños, Juan trabaja largas horas para poder sostener a la familia, mientras que Elvira permanece con los niños la mayor parte del tiempo. Roberto y Lucía, como la mayoría de los niños, buscan una persona de la cual depender totalmente, y Elvira llega a ser esa persona. Felices y seguros, parecen tener una crianza idéntica.

Para el momento en que cumplen dos años, los mellizos descubren que los niños y las niñas son diferentes. Papi es diferente de mami, y no es sólo porque lleve el pelo más corto o porque use chaqueta. Este nuevo entendimiento hace que Roberto cambie la manera de ver a su mamá. Su vida ha girado alrededor de ella, pero ahora resulta que ella es diferente a él. De acuerdo con Chodorow y otros escritores, eso confunde a Roberto. Él sabe que no puede ser como su mamá, su primer y primario amor; en lugar de eso, se supone que él sea como su papá, una figura mucho más borrosa en su vida. Esta incertidumbre de Roberto (como la de muchos niños) hace que crezca de un modo muy diferente al de Lucía.

---

1 Carol Gilligan, *In a Different Voice: Psychological Theory and Women's Development (Cambridge, Massachusetts: Harvard University Press, 1982), p. 18.*

2 Nancy Chodorow, *The Reproduction of Mothering: Psychoanalysis and the Sociology of Gender* (Berkeley: University of California Press, 1978).

647

267

812

3

8147

400

416

Roberto se volverá inseguro; le serán más difíciles las relaciones. A través de su vida, Roberto sustituirá esta falta de acercamiento a las personas con otras cosas como correr con su tabla de patinar, hacer chistes con sus amigos, jugar al balompié, destacarse en la escuela o en los estudios, y triunfar en una profesión. Roberto tal vez ponga a las mujeres en un pedestal, pero su inseguridad hacia ellas tal vez lo conduzca a tener una relación distante con la futura esposa, y hasta abusar de ella.

Lucía, por contraste, no tiene duda alguna en la relación con su mamá. Ella la quiere y desea ser como ella. Del mismo modo, Lucía se sentirá más segura y dependerá más de las relaciones. Su red de relaciones será de suprema importancia en su vida. Cuando juega con sus amigas, sus juegos serán de cooperación. Cuando vaya a la universidad, dependerá de un grupo de amistades. El esposo y la familia tendrán un significado tan grande para ella, que es incluso posible que soporte abuso físico por parte de su esposo con tal de mantener la paz.

Roberto y Lucía han tenido experiencias similares, pero cada uno vio su identidad en relación con sus padres de un modo muy diferente. Esa gran diferencia de valores afecta directamente la manera de tomar decisiones. Para Lucía la separación es difícil; a Roberto le es más difícil desarrollar relaciones estrechas.

Aun en el huerto del Edén se nota la singularidad de cada sexo, de acuerdo con las maldiciones diferentes que cayeron sobre el hombre y la mujer.

Dios le dijo a la mujer: "Multiplicaré en gran manera los dolores en tus preñeces; con dolor darás a luz los hijos; y tu deseo será para tu marido, y él se enseñoreará de ti" (Génesis 3:16). A las mujeres les resulta más fácil apoyarse en las relaciones que en sí mismas. Gilbert Bilezikian, teólogo del Wheaton College, entiende que esta cualidad de las mujeres viene de este pasaje de Génesis. Escribe:

> *El deseo que sienten las mujeres va a ser por su esposo, de manera que perpetúe la intimidad que caracterizó la relación entre ellos en el paraíso perdido. Pero la nostalgia de la mujer por la relación de amor mutuo que existía entre ellos antes de la caída, cuando uno deseaba al otro, no va a ser reciprocada por el esposo. En vez de satisfacer el deseo de ella . . . él va a dominarla . . . la mujer quiere un compañero, y obtiene un amo; quiere un amante y obtiene un señor; quiere un esposo y obtiene un jerarca.*[1]

Muchas mujeres se pierden totalmente en las demandas de otros. "Como resultado de la caída, el varón quiere ejercer su poder sobre la mujer; la mujer quiere sostener las relaciones aunque sea perjudicada."[2]

Mito 2: Las mujeres son frívolas, medio tontas, y se interesan en cosas sin importancia

La idea de la mujer tonta se remonta a miles de años atrás. Cirilo de Alejandría, 376-444 d.C., escribió: "De alguna manera la mujer, o mejor dicho, el sexo femenino, es lento en comprender."[3]

Mil seiscientos años más tarde, los anuncios pintan

---

1 Gilbert Bilezikian, *Beyond Sex Roles: What the Bible Says about Woman's Place in Church and Family* (Grand Rapids: Baker, 1989), p. 3.

2 Mary Stewart Van Leeuwen, "The Christian Mind and the Challenge of Gender Relations", *The Reformed Journal*, septiembre 1987.

3 Nunnally-Cox, *Foremothers, p. 152.*

a las mujeres como si se electrizaran ante un bello piso de linóleo, se extasiaran ante un fregadero reluciente, y se emocionaran al ver la blancura de la ropa lavada. También las describen como seres capaces de deprimirse porque vasos tengan manchas de agua. Los anuncios dan por sentado que los hombres se preocupan por cómo están hechos los productos mientras que las mujeres se preocupan por cómo lucen. Las mujeres son vanas y tienen tiempo para darse baños lujosos, mientras que los hombres toman una ducha sin mayores pretensiones.[1] Las mujeres son seres superficiales que viven para ir de compras, y que sólo se sienten de veras felices cuando llevan un vestido nuevo y un nuevo peinado.

Descubrimiento 2: Las mujeres se enteran de las cosas de un modo diferente al de los hombres.

¿Hay algo de cierto en el mito de que las mujeres son frívolas y que se interesan en cosas sin importancia? ¿Es posible que las mujeres valoren las cosas de una manera diferente, porque se enteran de las cosas de un modo diferente al de los hombres?

Es posible que las mujeres crezcan en su comprensión de sí mismas y de su mundo de un modo diferente al de los hombres, sugieren las autoras de *Women's Ways of Knowing* [Los modos de conocer de la mujer].[2] Al principio son silenciosas, prácticamente incapaces de hablar sobre sí mismas, lo cual es a veces un comportamiento visto en las mujeres de las que se ha abu-

---

1 Letty Cottin Pogrebin, *Growing Up Free: Raising Your Child in the 80's (Nueva York: McGraw, 1980), p. 398.*

2 Mary Field Belenky, Blythe McVicker Clinchy, Nancy Rule Goldberger, y Jill Mattuck Tarule, *Women's Ways of Knowing: The Development of Self, Voice, and Mind (Nueva York: Basic Books, 1986).*

sado. En la próxima fase, las mujeres suponen que todo el mundo sabe más que ellas, y buscan una autoridad superior para informarse. Cuando pasan de ese punto, tal vez reconozcan por primera vez que tienen algo importante que decir, y se nieguen a escuchar a las autoridades tradicionales. Después de tener su propia voz y voto, a menudo se dan cuenta de que tienen que actuar de acuerdo con ciertas reglas de la sociedad para poder obtener un diploma o un trabajo, y entonces obran de acuerdo con eso. Finalmente en su camino de conocer, las mujeres llegan a un punto donde pueden relacionar su conocimiento interior con el mundo exterior. A medida que van cambiando, salen del silencio y el encogimiento y se mueven hacia el dominio y el conocimiento de sí mismas, encontrando entonces la confianza en sí mismas.

Quizás las mismas mujeres se han quedado estancadas en algún punto en su camino de conocer, y eso ha contribuido al mito de que las mujeres son tontas. Muchas mujeres han sido incapaces de confiar en su propio conocimiento de sí mismas o de Dios. Han supuesto que toda verdad confiable tiene que venir de una figura de autoridad: el pastor, una figura célebre de televisión, un maestro de Biblia, o un esposo. Cuando estas autoridades decepcionen a las mujeres (como cualquiera menos Dios al fin lo haría), entonces tal vez ellas dejen de escuchar a los demás.

Para encontrar una sana plenitud debemos escuchar no sólo a los demás, sino también a nosotras mismas.

Mito 3: Las mujeres no pueden alcanzar a Dios como los hombres.

Una de mis estudiantes de literatura visitó una sinagoga judía ortodoxa como parte de un trabajo de estudio que tenía. Los hombres alrededor de ella se retorcieron y se mostraron incómodos hasta que el rabino vino a donde ella estaba y le dijo:

— Es necesario que se siente allí.

La condujo a una silla que estaba detrás de un biombo.

Ella lo miró sorprendida y le dijo:

— ¿Por qué?

— Porque de otra manera distraería a los hombres que están en el culto.

Gretchen vino a mí consternada.

— Ni siquiera me dejaron sentarme con ellos — me dijo —. Me sentí avergonzada, como si fuera una mala persona.

— ¿Sabes cuál es tu problema? El estar emparentada muy estrechamente con Eva — le dije —. Ella fue una seductora, responsable de su propia caída y de la de Adán. Tuviste que sentarte en esa silla por un miedo muy antiguo hacia las mujeres que existe entre muchos ramos del judaísmo. Tú, como Eva, eres una sirena seductora que podrías descarriar a los hombres.

El Antiguo Testamento describe dos "modelos" de mujer: "la mujer seductora" y "la mujer sabia". El judaísmo y algunos ramos del cristianismo distorsionados, enfatizan que "la mujer es una seductora inmoral e impura". Jesús y sus discípulos no practicaron el ostracismo con las mujeres, pero los padres de la iglesia olvidaron el ejemplo de Jesús, y revivieron la idea de que las mujeres están esperando la oportunidad para seducir a cualquier hombre que esté desprevenido. Tertuliano, que vivió desde el año 160 al 225 d.C., sacó esta conclusión sobre las mujeres: "Ustedes son la puerta que conduce al diablo; las que rompieron el sello del árbol prohibido; las primeras transgresoras de la ley divina. Ustedes representan a Eva, que persuadió a Adán, al cual el diablo no atacó por no sentirse suficientemente valiente para hacerlo. Ustedes son las que destruyeron tan fácilmente la imagen de Dios, el hombre."[1]

---

1 Nunnally-Cox, *Foremothers, p. 153.*

A las mujeres, rechazadas como la representación de la tentación, se les ha dicho a menudo que no pueden alcanzar a Dios del todo. Orígenes (185-254 d.C.) escribió sobre las mujeres: "Lo que se ve con los ojos del Creador es masculino, y no femenino, pues Dios no se rebajó a mirar lo que es femenino y de la carne."[1] Algunos pensadores del siglo dieciséis dudaban si las mujeres tendrían alma o no. Aun en nuestros días, algunas denominaciones y grupos sugieren que las mujeres encuentran acceso a Dios sólo a través de su esposo o de los líderes de la iglesia. Un escritor cristiano contemporáneo afirma:

> *La vulnerabilidad de las mujeres . . . no termina con la parte física. También incluye la vulnerabilidad a nivel emocional, psicológico y espiritual. En eso también ellas necesitan la autoridad y la protección del esposo. . . Es el esposo, no la esposa, el que tiene la responsabilidad principal de lo que ocurre en el hogar, la comunidad y la iglesia. Cuando abandona este papel, o la esposa se lo usurpa, tanto el hogar como la comunidad . . . sufren las consecuencias.*[2]

Descubrimiento 3: Jesús se relacionó con las mujeres de un modo diferente a los demás.

Jesús no aceptó el punto de vista judío de que las mujeres eran seductoras, responsables de lo malo, y que debían ser evitadas. La sociedad del siglo uno mantuvo a las mujeres "estrictamente segregadas de la vida social y religiosa de su comunidad, como si

---

1 Ibid., p. 152.

2 Larry Christenson, The Christian Family (Minneápolis: Bethany, 1970), pp. 35-37.

fueran criaturas inferiores e incapaces de aprender, y fueran oprimidas sin misericordia a ser recluidas en el hogar de su padre o su esposo.[1]

Sin embargo, Jesús fue radical en su forma de tratar a las mujeres; Él las invitaba a que lo siguieran. Les permitía tocarlo, las sanaba y les hablaba. Las mujeres forman parte de los milagros, las parábolas y los discursos de Jesús.[2]

Fueron mujeres las últimas personas que estuvieron con Jesús cuando murió, y las primeras en descubrir su resurrección. Jesús rechazó las enseñanzas del mundo con respecto a las mujeres, pero a veces las mismas mujeres tuvieron dificultad en rechazar estas enseñanzas.

---

1 Bilezikian, Beyond Sex Roles, p. 81.

2 Mary Evans, *Woman in the Bible* (Downers Grove, Illinois: InterVarsity Press, 1984), p. 44.

CAPÍTULO 2

La tentación y el pecado desde la perspectiva de una mujer

Muchos mitos sobre las mujeres han saturado nuestra cultura durante generaciones. Pocas son las personas que se han detenido a preguntar en qué son las mujeres realmente diferentes de los hombres. Tanya, una de mis alumnas, escribió algo acerca de su visita al sacerdote para discutir sus problemas maritales. Su historia es reveladora.

> *Fui a ver al padre Frank cuando estaba desesperada. Le expliqué que mi hija estaba ya en el kindergarten y que yo deseaba volver a la universidad, obtener mi diploma, y luego pensar en ir a la facultad de derecho. Mi esposo pensaba que mi lugar estaba en la casa; y para convencerme, me disminuía, me maldecía y me gritaba. Hace poco comenzó a golpearme, y muchas veces fui al supermercado tratando de esconder los morados que tenía en la cara o en un ojo.*
>
> *Cuando terminé mi historia, el padre Frank me dijo que la solución era muy sencilla. Yo había tomado votos de convertirme en la mujer de mi esposo, y eso era todo lo que yo debía ser.*

Me dijo que estaba desobedeciendo a mi esposo al querer ser algo más que una esposa; mi esposo y mi hija debían hacerme sentir completamente realizada como mujer. Me dijo que debía sentirme agradecida de tener un esposo que me amara lo suficiente como para querer cuidar de mí, de modo que yo no tuviera que ir a trabajar. Nuestra primera sesión terminó y me dijo que me fuera a la casa y orara.

Así lo hice, pero seguí pensando que Dios no quería realmente que yo sufriera ese abuso emocional y físico. No estaba segura, pero no me parecía que Dios quisiera castigarme por usar mis dones, a pesar de que el padre Frank me estuviera diciendo lo contrario.

En la siguiente y última sesión con el padre Frank, le dije que yo no podía aceptar que se me había puesto en este mundo para negarme totalmente a mí misma, y así servir a mi esposo. Tampoco me parecía que cada vez que yo dejara de reverenciar el más pequeño de los deseos de mi esposo, debía ser golpeada y aceptarlo tranquilamente.

El padre Frank trató de explicarme con mucha paciencia que era yo misma la que me estaba haciendo desdichada. Me dijo que si me quitaba esas ideas tontas de la cabeza, y dejaba de querer ser hombre, entonces volvería a ser feliz otra vez.

Le pregunté si el abuso físico era también culpa mía. Me contestó: "Sí. Tú has incomodado a tu esposo con tu necesidad de independencia. Él está tratando de ser un buen proveedor, y tú lo estás tratando de estropear. Esta es su forma de contraatacar. Es algo nor-

mal." Me sugirió que volviera a casa y le pidiera disculpas a mi esposo, le preparara su plato favorito, y le mostrara que yo podía ser una buena esposa.

Cuando le dije que yo no estaba segura de poder hacer eso, me contestó que yo era muy egoísta, que sólo pensaba en mí misma. Me dijo que mi problema principal era mi ego y el estar centrada en mi persona al tratar de usar mis dones, en vez de contentarme con permanecer en el lugar que Dios me había dado en la vida. Me dijo también que la arrogancia como la mía era algo que Dios odiaba en extremo. Si yo quería permanecer cerca de Dios y no desechar mi salvación, entonces necesitaba aplastar mi egoísmo y mi ego. Volver a la casa y aceptar que mi esposo abusara de mí como quisiera, era un buen modo de hacerlo según el padre Frank.

Cuando mi esposo me golpeara estaría echando afuera mi ego.

¿Por qué el padre Frank no vio la verdadera necesidad de Tanya? ¿Es que lo había cegado su propio punto de vista?

La perspectiva del varón como norma

Durante siglos, ambos sexos han considerado el punto de vista del varón como algo normal en casi todas las fases de la vida, desde la teología hasta el arte, desde la literatura hasta la medicina. Sólo en los últimos años, las personas han notado que en una actividad tan "objetiva" como las investigaciones médicas, los hombres han sido considerados como los sujetos normales de las investigaciones. Un artículo en la revista noticiosa *Time* (Tiempo) describe dos proyectos de investigación típicos: uno analizaba cómo prevenir los ataques al corazón, usando 22,071 voluntarios varones, y el otro estudiaba los efectos de la cafeína en 45,589 hombres.[1]

Algunas mujeres piensan que los investigadores médicos han estudiado a los hombres más que a las mujeres para ser desagradables, o porque hay un complot para exterminar a las mujeres al no encontrar la cura de las enfermedades que las afectan. No creo que eso sea cierto; es simplemente que se ha considerado la experiencia del hombre como lo normal, y la experiencia de la mujer se ha considerado como una variación de esa norma.

Del mismo modo que las investigaciones médicas han tenido la tendencia de enfocarse en los hombres, también lo han sido los estudios teológicos. Por ejemplo, los pensadores religiosos varones a menudo describen el pecado a través de sus propios ojos, porque se basan en sus propias experiencias. Sin embargo, el enfrentamiento de una mujer con el pecado y la tentación, puede ser radicalmente diferente a la de un hombre.

Los investigadores médicos y los teólogos no deben dejar de estudiar el cuerpo del hombre o el pecado desde el punto de vista masculino, pero deben reconocer la limitación de esos estudios. Pudieran estar haciendo lo que Pablo sugirió que los Corintios no debían hacer: "Pero ellos, midiéndose a sí mismos por sí mismos, y comparándose consigo mismos, no son juiciosos" (2 Corintios 10:12). Lo ideal (tanto en las investigaciones médicas como en el análisis la tentación y el pecado) es un entendimiento más amplio basado en la perspectiva y experiencia de toda la raza humana.

La diagnosis de los pecados del hombre

Muchos hombres teólogos que han escrito libros acla-

---

1 *Time*, 5 marzo 1990, p. 59; y 22 octubre 1990, p. 59.

mados por la crítica tienen colegas que los respetan y estudiantes que los aplauden. Cuando escriben acerca de la tentación y el pecado, piensan naturalmente en su ego acrecentado y sus sentimientos de independencia de Dios que surgen cuando las demás personas los elogian. Están preocupados con la parte de sí mismos que se pone en contra de Dios y le vira la espalda. Si esta es la diagnosis de los teólogos masculinos sobre el pecado de los humanos, entonces la prescripción es sencilla. Hay que acabar con el ego. "El hombre antiguo, el pecador, el que se concentra en sí mismo, debe ser 'crucificado'. Hay que hacerlo pedazos y destruirlo", escribe el teólogo Reinhold Niebuhr.[1]

¿Pero qué pasa si los pecados de una persona no se originan de un ego demasiado confiado, sino de una repulsión a sí mismo? ¿Cómo funciona la destrucción del yo en la vida de una mujer?

El padre Frank aconsejó a Tanya suponiendo que el problema era su ego. De manera similar, el ministro que atendió a Jill no pudo ver el dolor y la desorientación obvios que la llevaban a ser tentada por el adulterio. Cuando ella buscó la ayuda de un ministro durante su crisis, ella le dijo lo que su esposo Gavin le había dicho: "No te quiero. No siento nada por ti." El ministro le dijo a Jill que a Jesucristo no le interesaban sus emociones, y que ella también debía hacer caso omiso de ellas. Pero a ella le fue imposible pasar por alto su dolor, y continuó comparando a Gavin con Zavier, que parecía amarla incondicionalmente. "Él me hace sentir como una persona real; me da el amor que he deseado por tanto tiempo — dijo Jill —. Pero el ministro me hizo sentir avergon-

---

1 Judith Plaskow, *Sex, Sin, and Grace: Women's Experience and the Theologies of Reinhold Niebuhr and Paul Tillich* (Washington: University Press of America, 1980), p. 77.

zada, diciéndome que mis hijos iban a ser afectados, que me iba a burlar de la muerte de Jesús, que iba a dañar cualquier ministerio en el que participara en el futuro, que mi salvación iba a estar en peligro, que la iglesia iba a ser reprochada y mi vida arruinada, que destrozaría el corazón de mi esposo . . . y así sucesivamente."

El ministro no se dio cuenta de que Jill estaba cayendo en el pecado, no por una autoimagen desafiante, sino por una indigna. Jill pensó que si escuchaba los consejos del ministro, se evaporaría, y que lo poco que quedaba de ella se borraría para siempre.

Diagnosis incorrecta, prescripción incorrecta

Estos clérigos dieron por sentado que la experiencia de los hombres es la normal, la común. Hicieron una diagnosis incorrecta basada en esa suposición, y entonces ofrecieron una prescripción equivocada. Muchas mujeres no sufren de tener demasiada confianza en sí mismas, sino de odiarse a sí mismas; los psicólogos, sociólogos e historiadores literarios confirman este hecho. Por ejemplo, cuando las mujeres escriben autobiografías, lo hacen de manera muy diferente de los hombres. Las mujeres que escriben autobiografías son generalmente personas de éxito en algún campo, pero se disculpan por las deficiencias que puedan tener, y tratan de explicarlas.[1]

"Por supuesto, se dice a menudo que el pecado en su forma original consiste en que el hombre quiere ser como Dios. Pero eso es sólo una cara del pecado. La otra cara es la desesperanza, la inercia, la melancolía, el darse por vencido . . . La tentación consiste entonces no tanto en el deseo titánico de ser como Dios, sino en la

---

1 Carolyn Heilbrun, *Writing a Woman's Life*, (Nueva York: Norton, 1988), pp. 22-23.

debilidad, la timidez, el cansancio, el no querer ser lo que Dios exige que seamos", escribe Jürgen Moltmann.[1]

Podemos ver este sentimiento de desesperación en lo que escriben las mujeres acerca de sí mismas:

> *Se me ocurrió cuando empecé a empacar las cosas que eso era algo irónico. Uno piensa que lo importante cuando uno se está mudando para otro lugar, es que uno lleve su cuerpo a otra parte y, por supuesto, siguen todas las pertenencias. Pero casi parece como que mis pertenencias pesaran más que yo, porque constituyen todo lo que queda de mí. Me siento realmente deprimida, perdida, y muy cansada.*
>
> *Tal parece que hubiera más sustancia en las posesiones materiales que estaba metiendo en el maletero del automóvil que en mí misma. Pensé: 'Es más importante la basura con que estoy llenando mi vida, que yo misma.'*[2]

> *Hay veces en que miro al espejo y quisiera romperlo. Muchísimas veces me siento como si no valgo ni para salir de la puerta. Me veo a mí misma como una inútil, una persona pequeña y patética, una cosilla sucia.*[3]

> *No sé... Nadie me ha dicho jamás lo que piensa de mí.*[4]

> *Creo que lo que siento más a menudo sobre*

---

1 Jürgen Moltmann, *Theology of Hope* (Nueva York: Harper & Row, 1975), p. 22.

2 Gilligan, *In a Different Voice*, p. 120.

3 Linda T. Sanford y Mary Ellen Donovan, *Women and Self-Esteem* (Nueva York: Penguin, 1985), p. 6.

4 Belenky et al., *Women's Ways of Knowing*, p. 6.

mi persona es un constante asco, una especie de disgusto. A veces todo lo que está relacionado conmigo, especialmente con mi cuerpo, parece horrible. Entonces me disgusto más todavía conmigo misma por estar tan llena de este autodisgusto.[1]

Tentada a llenar el vacío con otras cosas

Si una mujer siente que no vale lo suficiente como para ser amada, que nadie la ama, tal vez quiera llenar su vida con sustitutos de Dios. Ofrecerle a una mujer que se ha desesperado de la aceptación de Dios la receta masculina tradicional de "aplastarse a sí misma", es matarla en vez de curarla.

Cuando considero mis propias tentaciones, veo que mi vulnerabilidad hacia ellas viene a menudo por sentir una desesperada necesidad de aprobación. Esta necesidad no es insólita. Quizás sea por el hecho de que las mujeres han sido constantemente devaluadas por la cultura, o quizás sea la identificación tan cercana de las mujeres con la figura de la madre que probablemente sufrió de falta de autoestima. Las bibliotecas y librerías tienen estantes llenos de libros sobre la inseguridad y los temores de las mujeres, pero sería difícil imaginarse muchos libros parecidos para los hombres. Estos libros tratan de las distintas trampas que encuentran las mujeres en su intento de llenar el vacío que sienten.

Tratando de alimentar al monstruo voraz

Nunca llega a satisfacerse la necesidad de probarnos a nosotras mismas que valemos. La hermosa Jill nunca es suficientemente bella. Nuestro yo interno se vuelve como el dragón de los mitos que demanda más

---

1 Sanford y Donovan, *Women and Self-Esteem*, p. 6.

y más doncellas para llenarse. Todas conocemos ese sentimiento: "Si pudiera conocer al hombre adecuado, mi vida sería maravillosa." "Si él pudiera dejar de beber (u obtener un trabajo mejor, o dejar de jugar tanto al golf, o ir a la iglesia), entonces mi vida estaría realizada." "Ojalá mi hija pudiera estudiar en la universidad Harvard; entonces sabría que he sido una buena madre." "Si por lo menos pudiera lograr que la casa luciera como yo quiero, entonces me sentiría feliz." "Cuando obtenga mi título y tenga el trabajo que deseo, entonces me sentiré satisfecha." También sabemos que la euforia de lo que ya se ha logrado dura a eso de treinta segundos, y entonces necesitamos otra cosa más para sentirnos convencidas.

El monstruo nunca estará satisfecho. Es posible que el éxito satisfaga a las mujeres mucho menos de lo que satisface a los hombres. La mayoría de las mujeres, cuando se les encuesta, achacan sus fracasos a su falta de capacidad, y su éxito a la buena suerte.[1] (Los hombres tienden a evaluar su actuación de la manera opuesta.)

Las mujeres responden a la desconfianza de sí mismas de varias maneras. Tal vez tratemos de probar nuestra valor llenando nuestra vida cada vez más con cosas que sabemos que podemos hacer. "Sí, puedo conducir hasta la clase de ballet y supervisar los grupos de pre-ballet." "Claro que puedo hacer los disfraces para la obra." "Sí, yo serviré en la cena." "¿Que si puedo vender las entradas para el musical? Claro, ¿por qué no?" Cuando decimos que sí, necesitamos mirarnos interiormente y ver qué nos está motivando. "Dentro de cada mujer que siente la necesidad de siempre estar haciendo algo,

---

1 Irene H. Frieze, *Women and Sex Roles: A Social Psychological Perspective* (Nueva York: Norton, 1978), p. 245.

radica un complejo de inferioridad que la consume.[1]

Cuando alguien me dice: "¡No sé cómo lo puedes hacer todo!", yo debiera preguntarme: "¿Y por qué tengo que hacerlo todo?" Tal vez me sea difícil decir que no, o tal vez resulte más fácil llenar mi vida con obligaciones "sanas" por mi falta de autoestima. Algunas veces las mujeres incitan al abuso. "Adelante, atropéllame; no merezco más."

De manera que oímos estas tentaciones: "Prueba eso . . . verás que te vas a sentir muy bien . . . y se te quitará esa soledad que sientes en tu corazón." Debemos reconocer que nuestro anhelo de la autoestima nos puede conducir a incontables callejones sin salida como lo sería involucrarnos en una relación no sana, procurar ser aclamadas por trabajar voluntariamente de manera frenética, llamar la atención con ropa de diseñadores famosos, manipular a los niños para tratar de que sean perfectos. Ninguno de estos esfuerzos llenará el gran vacío en el centro de nuestra vida.

En realidad, el vacío se hará aun mayor. La falta de autoestima, que es lo contrario del orgullo, nos hace pedazos para dejarle espacio a otros pecados mortales: la avaricia, la glotonería, la holgazanería, la ira, la lujuria y la envidia. Tristemente, por no haberle dado a Dios el lugar central de nuestra vida, lo hemos sustituido por otras cosas.

Jesús y la tentación

La mujer samaritana del pozo sabía bien lo poco que ella valía: era mujer, era samaritana, estaba marginada por sus prácticas sexuales. Esta mujer tenía tan poca autoestima que se quedó atónita cuando Jesús le habló.

---

1 Collette Dowling, *Perfect Women*, (Nueva York: Summit, 1988), p. 72.

Sorprendida le preguntó: "¿Cómo tú, siendo judío, me pides a mí de beber, que soy mujer samaritana?" Esta mujer había estado años tratando de llenar su vida con un torrente de relaciones con hombres, con la esperanza de que alguno la hiciera sentirse bien acerca de sí misma. ¿Quién sabe con cuántos hombres habría estado para el final de su vida, si no hubiera conocido a Jesús?

¿Cómo le respondió Jesús a esta mujer? Él vio sus múltiples pecados sexuales como una indicación de una necesidad más profunda que podría satisfacerse únicamente si lo reconocía a Él como el Mesías. "Cualquiera que bebiere de esta agua, volverá a tener sed; mas el que bebiere del agua que yo le daré, no tendrá sed jamás; sino que el agua que yo le daré será en él una fuente de agua que salte para vida eterna" (Juan 4:13-14). Jesús no pasó por alto sus pecados; le ayudó a nombrarlos y reconocerlos. (De eso trata la Parte II de este libro.) Pero Jesús reconoció que sus pecados, aun siendo tan atroces como eran, sencillamente no eran tan importantes como la profunda necesidad que tenía esta mujer de conocer a Dios como el centro de su vida. (De eso trata la Parte III.)

Jesús sabía que cuando se satisficieran las necesidades tan grandes que tenía esta mujer, ella aún podría ser tentada. Pero Él también sabía que la vida de ella comenzaría a cambiar, de manera radical y maravillosa. Jesús esperaba mucho de ella. Esperaba mucho más que unos cuantos incidentes aislados de buena conducta como resultado de su encuentro con ella: Él parecía esperar que ella iba a comenzar a construir una nueva vida.

PARTE II

Los síntomas: tratando de llenar el doloroso vacío

CAPÍTULO 3

Confiando en lo externo para sentirse bien

Tres niñas de catorce años están de pie frente a un lago. Se echan el pelo hacia atrás y se inclinan sobre sus encendedores para encender sus cigarrillos. Hacen una inhalación profunda y exhalan el humo, tratando desesperadamente de parecer que tienen diecinueve años. Van pavoneándose unos cuantos pasos como si las estuvieran filmando, aunque yo soy la única que las estoy observando. Quedé impresionada con la extrema importancia de la imagen que proyectaban, y no sólo por su apariencia. A estas muchachas lo que más les importa de todo es cómo se ven en comparación con alguna misteriosa norma de lo que está de moda. Es más importante que desobedecer a los padres, que disfrutar de un bello atardecer, atentar contra su propia salud. Quisiera sacudirlas y decirles: "Oigan . . . no es tan importante lo que los demás piensen de ustedes. Sean como son realmente. Están atentando contra su salud y su futuro." Por supuesto que no lo hice. Me hubieran mirado primero, y después se hubieran mirado unas a otras diciéndome: "¡Eh, fuera de aquí!" No hubieran entendido lo que les estaba diciendo, y aparte de eso, ¿quién era yo para hablar?

Ansiosos por complacer

Hay un desesperado impulso por impresionar a los

demás que nos golpea en la primera adolescencia, pero todos lo conocemos cuando llegamos a la vida de adultos. Yo lo conozco muy bien. Los hombres, y también las mujeres, sienten la necesidad de probar su valor ante los demás. Los motivos y modos de las mujeres al mostrar su orgullo pueden diferir de los de los hombres, pero el pecado es mortal en uno y otro caso. Es la raíz de todos los otros pecados, porque nos mantiene alejados de Dios. Gerard Hughes dice: "El orgullo es cuando queremos que toda la creación nos alabe y nos reverencie a nosotros en vez de a Dios."[1] El orgullo, de acuerdo con la Biblia, será juzgado, porque las personas se exaltan a sí mismas (Isaías 2:12), se ensalzan a sí mismas en lugar de a Dios (Jeremías 9:23; Gálatas 6:4) y no se asocian con los humildes (Romanos 12:16)

Yo quiero que todo el mundo piense que soy maravillosa: una gran cocinera, una pensadora profunda, una escritora magnífica, una maestra destacada, simpática, y una atleta extraordinaria para mi edad. Hace unos años me di cuenta de que me estaba presionando a mí misma, de manera que tracé un plan para ser más humana. Si estoy en una fila en la caja del supermercado y oigo a una mujer en la fila de al lado que diga: "A ver si alguna vez te vuelvo a traer acá, chiquillo malcriado . . . ", yo le digo: "Yo a veces soy así con mis hijos también." O cuando me estoy presentando a mis nuevos alumnos en septiembre, les digo: "Tengo tres hijos, y cuánto me alegro de que estén de vuelta en la escuela. Aunque los quiero muchísimo, cuando llega el final del verano, ya estamos casi listos para acabarnos unos con los otros." Bien humilde.

Pero muy dentro de mí, aún deseo que todos piensen

---

1 Gerard Hughes, *God of Surprises* (Mahway, Nueva Jersey: Paulist Press, 1986), p. 56.

que soy maravillosa. Lo veo cuando estoy tentada a exagerar o mentir para lucir mejor ante los demás. "Traté de telefonearte un par de veces." (Bueno, quizás solo una vez). "Nosotros casi nunca comemos carne de res." (Aunque creo que la semana pasada la comimos dos veces.) "Si él me hubiera dicho eso, se lo habría advertido." (Probablemente me hubiera quedado callada.) Cuando tengo en la punta de la lengua una exageración o una mentira, es porque quiero probarle a alguien lo extraordinaria que soy. ¿Por qué necesito eso?

Mostrando trofeos al centro de nuestra vida

La tentación al orgullo, la tentación a apoyarnos en cosas externas para sentirnos bien con respecto a nosotras mismas, no es lo mismo que el sentimiento genuino de sentirnos bien por algo que hemos hecho muy bien. En realidad, tal vez sea lo opuesto. El tratar de coleccionar galardones para probar lo que valemos, tiene su origen en una pobre imagen de nosotras mismas. Pienso que no soy amada y aceptada, de modo que trato desesperadamente de llenar este vacío con el éxito exterior.

Si las mujeres tenemos la tendencia a subestimarnos, entonces nuestro deseo de usar lo externo para darle apoyo a una pobre autoimagen es comprensible. Este apoyo puede ser de muchas maneras: rodeándonos de cosas, tratando de tener el cuerpo perfecto, o tratando de alcanzar el éxito profesional. Hace treinta años hubiéramos tratado de obtener nuestros trofeos en nuestros hogares y familias; ahora los podemos encontrar también en los centros de trabajo. Dondequiera que los encontremos, estos trofeos no nos darán satisfacción interna.

Hace tres años fui a un centro de retiro a pasarme el día en oración, leyendo la Biblia y escuchando a Dios. El Señor me habló sobre el orgullo. Me di cuenta de cuánto me estaba apoyando en lo externo para darle apoyo a mi concepto de mí misma, y lo importante que era para mí que la gente pensara que yo era competente. Los artículos que yo había publicado, mi trabajo en el doctorado, mis hijos tan destacados, mi bella casa: todas esas cosas externas me hacían sentir valiosa de algún modo.

Pero mientras me aferraba a estos logros, no podía llegar a Dios con los brazos abiertos. Entonces entendí por qué Santiago escribió: "Dios resiste a los soberbios, y da gracia a los humildes" (Santiago 4:6, cf. 1 Pedro 5:5-6). Él puede darles gracia sólo a aquellos que no estén tratando de probar lo maravillosos que son. Le pedí perdón a Dios, y oré para que continuara mostrándome cuándo soy tentada a apoyarme en las cosas externas. Según he luchado con mi orgullo a través de los años, me he dado cuenta de cuán profundo van las raíces de esta tentación. La necesidad de impresionar a los demás tiene su origen en mi primera niñez.

Yo era la segunda de tres hijos. Mi hermano mayor tenía casi cinco años más que yo, y entendí desde que era muy pequeña que nunca podría ni tener la esperanza siquiera de igualar sus precoces travesuras. Mi hermano menor tenía dieciocho meses menos que yo; él siempre sería el bebé adorado. Así que para mí sólo quedaba el papel de la hija buena. Si yo era buena y dulce, entonces los adultos (que eran las personas más importantes), pensarían que yo era valiosa.

Una mañana de Navidad, cuando tenía cuatro años, nos reunimos todos alrededor del árbol. Mi tía abuela Edie dijo:

— ¿Podría Mary Ellen abrir este regalo primero?

Le quité el papel de regalo a la caja, y dentro venía una muñeca con el pelo oscuro y rizado, y los ojos pintados de castaño. También había un vestido de novia, otro de graduación de gasa amarilla, y un vestido rojo de baile de figuras.

— ¿Sabes una cosa Mary Ellen? — dijo mi madre —, esta es una muñeca muy especial; tienes que cuidarla mucho, como una niña grande.

Brinqué y le di un beso a mi tía Edie.

A mi hermano mayor le dieron a abrir su regalo, y la atención de todos se fijó en él. Tomé la muñeca y me fui al cuarto, me arrodillé y la mecí en mis brazos, esperando, porque sabía que no pasaría mucho tiempo sin que me echaran de menos. Entonces vendrían y me encontrarían en esta posición tan tierna, e iban a pensar que yo era una niña encantadora.

Luego oí a mi padre en la puerta, susurrando:

— Grace, Edie, vengan acá.

Mantuve la misma posición mientras mi mamá y mi tía Edie llegaban a mi cuarto.

— ¿No es encantadora? — dijo mi mamá.

— Creo que le gusta. Pensé que le gustaría pero nunca se sabe — añadió mi tía Edie.

Cuatro años más tarde estaba todavía luchando por tener reconocimiento exterior. Abrí la puerta de la calle y puse los libros sobre la mesa.

— ¿Mamá, estás en casa?

Nadie respondió. Abrí el sobre de manila y dejé que el informe de notas se deslizara en la mesa. Había sacado "A" en todo, menos una "B+" en matemática.

Sentí el estómago frío y tenso. No quería tener una "B+". Me imaginé a mi mamá diciendo: "Muy bien Mary Ellen. 'A' en todo." Mi hermano no sacaba "A" en todo.

Busqué un lápiz y comencé a borrar la "B". El borrón se hizo más grande, sucio y oscuro, pero encima de él puse una "A".

Oí llegar el automóvil, y metí el informe de notas en su sobre. Quité las boronillas de la goma de borrar.

— Hola, mamá. Traje el informe de notas, pero pensé

que era mejor esperar a que llegaras para abrirlo.

Por supuesto que ella se dio cuenta de que alguien había borrado una de las notas. Sabiamente no me castigó, pero ¿por qué estaba yo tan desesperada por ser excelente?

No recuerdo haber sido presionada a ser destacada o académicamente excelente, pero aun así, pensaba que el éxito externo me haría sentir importante y bien.

"¿Qué haces?" puede ser una pregunta terrible para las mujeres. Para el momento en que tuve un encuentro con mi orgullo hace tres años, esa pregunta no me hacía tan mal efecto. Durante años, tuve que responder: "Ah, estoy en casa con los niños." Ahora podría decir sin problemas: "Ah, soy escritora, doy clases de redacción en la universidad, y estoy haciendo mi doctorado." Sonaba muy bien, casi como si estuviera diciendo: "Es cierto que soy inteligente, creativa y llena de energía." Estas son las cosas externas que el mundo premia y respeta. Después que fui al retiro, me di cuenta de que mi respuesta a *la pregunta* sólo significaba que me esforzaba más. En realidad, sabía que yo no era más importante ni mejor que mi amiga Joan. Realmente ella no tiene una respuesta muy buena para *la pregunta*, pero ama a las personas y cuida de ellas dándoles su tiempo.

Cuando centro mi vida en los sucesos externos, he llegado a creer que los valores que nuestra sociedad nos enseña sobre las mujeres son válidos. Pierdo la perspectiva de Dios con respecto a lo que soy y las cualidades que me hacen merecedora y valiosa. Me he tragado las mentiras del mundo, donde se mide el valor de las mujeres por lo que hacen y no por lo que son.

Aun si no hemos tratado de buscar el éxito en un trabajo o en la educación, tal vez tratemos de transferir esa urgencia a nuestra familia y demandar de ellos un comportamiento perfecto, porque eso nos hace lucir bien. Estuve conversando con una pareja en un campamento de familias. La mujer estaba terminando la carrera de medicina, y el hombre era socio de una firma de abogados de mucho prestigio. Le pregunté a él qué era lo que su hija adolescente estudiaba, y me contestó, con un orgullo que no podía ocultar, mientras ponía su brazo sobre el hombro de la muchacha: "Jackie está terminando su instrucción vocacional-técnico, y va a trabajar en una cafetería. ¿No es así querida?" Ella sonrió alegremente, y la mamá le apretó la mano.

¿Qué es lo extraordinario de esta escena? La mayoría de nosotras quiere que nuestros hijos nos hagan sentir orgullosas, y a menudo los juzgamos por las normas del mundo. Siempre abrigamos la esperanza de que nos den algún motivo para podernos pavonear. Cuando los hijos de alguien se destacan en música, van a ir a estudiar a la Universidad de Stanford, o si han ganado una beca por excelencia en el deporte, quedamos más impresionados que cuando nos dicen que son unos muchachos bien adaptados, y que están felices y contentos. Esta pareja parecía estar tan a gusto con que su hija estuviera haciendo lo que deseaba y lo disfrutara, que daban muestras de orgullo y de felicidad, aunque sus egos no estuvieran siendo precisamente alimentados.

Algunas veces me he sentido culpable de transferirles a mis hijos mi necesidad de tener éxito externo. Cuando le damos mucha importancia a las buenas notas de nuestros hijos, a sus recitales, o a las victorias que tengan en fútbol, estamos dando por implícito que el éxito exterior nos llama la atención y que nos hace sentir orgullosos. Cuando miro hacia atrás y me evalúo como madre, veo que siempre quise que mis hijos fueran tan buenos como yo (o quizás más perfectos aún, puesto que habían crecido en un ambiente muy enriquecido).

Siempre queremos que nuestros hijos nos hagan honor, igual que lo quería la esposa de Zebedeo. Ella había criado a sus hijos de la manera correcta, y sabía que ellos eran excelentes y que merecían sentarse a cada lado de Jesús. Ella quería que ocuparan el lugar adecuado y que le hicieran honor. Los otros discípulos comenzaron a protestar, y así vemos en esta historia lo mismo que ya sabemos por nuestra propia experiencia: el orgullo es alienante. Cuando nos concentramos en nuestro éxito externo, los demás nos envidian y resienten, alejándose de nosotras.

La madre buena

Cuando nació mi hijo Andrew, sabía que necesitaba ser la madre perfecta. Debía amamantarlo, así como mantener la casa impecable, hornear galletitas y pan integral, nunca disciplinar con ira, siempre estar dispuesta a escuchar las necesidades de mi esposo, nunca aspirar a tener tiempo para mí, hacer que mis hijos fueran ávidos lectores leyéndoles casi desde el nacimiento, no pasar por alto ninguno de los hitos de su niñez, exponerlos a la música de Brahms, hacerles pantalones adornados, educarlos para que amaran y fueran bondadosos y ayudarles a identificar pájaros exóticos.

Al crecer Andrew y nacer Stephen, me pasaba las horas buscando experiencias que los enriquecieran. Visitábamos las tiendas de juguetes educativos, íbamos a diario a los jardines botánicos, los museos, el puerto, la reserva de los pájaros. No mirábamos la televisión sino que leíamos durante horas. Cuando Andrew tenía tres años, hicimos nuestro primer viaje (de ocho ahora, creo) a través de las *Crónicas de Narnia*. Dejaba la costura que tuviera entre manos para ir a ver pasar el tren de vapor. Cuando Andrew tomó una bolsa de cincuenta libras de harina y la tiró toda en el piso de la cocina, dejé que jugara con ella durante toda la tarde porque pensé que sería una buena experiencia educativa para él.

Si algún observador exterior me hubiera estado juzgando, seguramente me hubiera otorgado el premio de la "super-mamá". Pero las noches me perseguían para hacerme sentir culpable.

Me despedía de Andrew con un beso de buenas noches, chequeaba a Stephen, y cargaba Susannah que chupaba el pulgar y gemía hasta que se quedaba dormida. La ponía en la cuna y me iba a la cocina a hacerme una taza de té; después me sentaba en la sala mientras escuchaba los himnos que cantaban en la iglesia de enfrente durante el culto de la noche. Entonces empezaba a leer *Orgullo y prejuicio*.

Entonces me acordaba de que esa mañana le había gritado a Andrew cuando le quitó el tren a Stephen. "Gritar" no era siquiera la palabra adecuada. Lo había increpado diciéndole: "Andrew, Stephen está tratando de jugar. ¡Déjalo tranquilo!" Decidía que lo mejor era subir al cuarto donde él dormía como un ángel, con la boca ligeramente abierta. ¿Cómo podía haberle gritado a este niño? Era tan pequeño, y estaba celoso con un bebé nuevo en la casa. ¿Qué era lo que le estaba enseñando, gritándole de esa manera? Lo besaba suavemente, con la esperanza de que ese beso me sirviera de indulgencia por los errores cometidos durante el día.

El sentimiento de "culpabilidad de las mamás" es tan común, que es parte de la maternidad. Harriet Lerner en *The Dance of Intimacy* [La danza de la intimidad] habla de este problema: "Los sentimientos de culpabilidad corren muy profundos y son inherentes en las madres, que son las primeras en ser responsabilizadas, las primeras en culparse a sí mismas." Ella señala que el sentimiento de culpabilidad no es un problema individual, porque nuestra sociedad "le asigna a las madres la responsabilidad primaria de todos los problemas familiares, excusa a los hombres de una paternidad verdadera, y proporciona muy poco apoyo a las necesidades reales de los niños y las familias. Se les estimula a las madres a creer que ellas constituyen el ambiente donde se desarrollan sus hijos, y que sólo si son madres 'suficientemente buenas' podrán florecer sus hijos."[1]

Las mujeres nunca seremos madres suficientemente buenas como para satisfacernos a nosotras mismas o a la sociedad. Tampoco está claro que Jesús ponga como prioridad el que seamos madres maravillosas. Cuando se le dijo que su madre y hermanos estaban afuera esperándolo, Él contestó: "Porque todo aquel que hace la voluntad de mi Padre que está en los cielos, ése es mi hermano, y hermana, y madre" (Mateo 12:50).

Yo tuve mucha suerte, porque mi hija se negó a cooperar conmigo en la intención que tenía de inscribirla como la tercera niña perfecta dentro de una familia perfecta. Supuse que Susannah me iba a permitir enriquecer su vida, pero ella se negó. Ella no era yo, ni me pertenecía; ella quería ser ella misma.

Cuando Susannah nació, su cuerpo siguió la cabeza de pelo oscuro y ondulado, y el médico dijo en voz alta: "¡Es una niña!" Yo lloré. Por espacio de varias semanas, cada vez que me acordaba de que tenía una niña, se me hacían lágrimas en los ojos. He aquí que tenía una hija mujer, con la cual podría compartir mi vida. Podríamos ser amigas, y hasta quizás sembrar flores y cocinar y tejer juntas.

Yo abracé su pequeño cuerpo, pero ella lloró, se retorció y huyó de mí. Ella se mostraba incómoda y no floreció; no quería mamar. Cuando ya tenía siete meses, sólo podía lograr que tomara leche de pecho si la des-

---

1 Harriet Goldhor Lerner, *The Dance of Intimacy: A Woman's Guide to Courageous Acts of Change in Key Relationships* (Nueva York: Harper & Row, 1989), pp. 186-87.

pertaba a las diez de la noche, hora en que ya estaba muy cansada para hacerme resistencia.

Susannah dejó de mamar por su propia voluntad a los nueve meses. También dejó el chupete uno o dos meses después; no quería depender de nada. Sus hermanos eran tranquilos y muy buenos lectores. Susannah se despertaba a las cinco y media los sábados y cantaba a voz en cuello. Le decía a todo el mundo exactamente lo que pensaba de sus ropas, sus automóviles, sus opiniones y sus hábitos. Les decía a los fumadores que debían dejar de fumar; les preguntaba a las amigas a quienes yo trataba de evangelizar con mucho tacto: "¿Por qué no va usted a la iglesia? ¿Es que no es cristiana? ¿Por qué?"

Susannah me enseñó que los tres hijos por los que soy responsable no son míos. A final de cuentas, son de Dios, y también de sí mismos. No fueron encomendados a mi cuidado para que me hicieran honor. Tengo que ser muy cuidadosa cuando asocio lo que soy con los éxitos exteriores o los fracasos de mis hijos.

Sara quería tener un hijo perfecto, de manera que Dios pudiera cumplir con las promesas que les había hecho a ella y a Abraham. Ella decidió que debía ayudar a Dios, y le ofreció su sirvienta Hagar a Abraham. Los motivos que tuvo fueron posiblemente buenos: "Parece que Dios está teniendo problemas en manejar esta situación, así que le voy a ayudar. Gracias, yo puedo controlar las cosas." Pero los resultados de su urgencia por controlar la situación fueron desastrosos, y pienso que nuestra urgencia por controlar a nuestros hijos puede también ser desastrosa. Ya sea que lo hagamos a propósito o no, tenemos que renunciar al mito de que el éxito exterior llene nuestra vida, y que podemos controlar nuestra vida para lucir bien ante los demás.

Encontrando una nueva perspectiva

Por muy grande que sea el éxito exterior, nunca nos

llega a satisfacer. No existe nada en lo exterior que pueda llenar el vacío de una mujer que duda de su propio valor. Una amiga mía hace trabajos de edición por su cuenta, para algunas de las casas publicadoras más grandes del país. El otro día me dijo: "Si en el transcurso de dos semanas no recibo un manuscrito de Harper y Row, pierdo totalmente la confianza en mí misma. Supongo que he cometido un tremendo error en algún manuscrito, o que han decidido no darme más trabajo. ¿Por qué no se me quita ese sentimiento?" El éxito externo nunca satisface. Si no nos damos cuenta de eso, trataremos de controlar a nuestra familia y nuestro mundo; pensaremos que somos nosotras las que tenemos que hacer que las cosas funcionen.

Todas añoramos el éxito. Es mi propia experiencia y la de muchas otras, que el éxito externo y las metas sencillamente no llenan ese vacío. Cuando más entusiasmada estoy del éxito que está teniendo un artículo, o de lo bien que le va a alguno de los muchachos, al día siguiente ya estoy buscando otra cosa en la cual ser exitosa para llenar ese espacio. Sólo Jesucristo puede llenar ese vacío.

Para poder lidiar con el orgullo, necesito mirar primero los éxitos exteriores de los cuales dependo. ¿Es que estoy tratando de impresionar a las personas que conozco, tratando de aparecer muy importante, o interesante, o maravillosa? ¿Me preocupa mucho la impresión que causo en los demás, y lo que ellos piensen de mí? ¿Es que pienso que *si sólo* pudiera obtener determinado trabajo, o si mi hijo se destacara en algo en particular, entonces me sentiría bien y realizada? ¿He llegado a creer alguna vez que no valgo para nada a no ser que tenga determinados títulos y éxitos con mi familia o con mi carrera? ¿Estoy tratando de rodearme de éxitos exteriores, para llegar a sentir una seguridad que no es posible lograr si no es a través de Dios?

Si estoy muy preocupada con lo que el mundo considera como logros importantes, entonces puede ser que esté escuchando a quien no debo de oír. El escritor Henri Nouwen sugiere que a menudo nuestra "productividad" — nuestras muchas actividades y éxitos — es en realidad una necesidad desesperada de escapar de un sentimiento de esterilidad.[1] Estoy sustituyendo a Dios por "las cosas que hago"; estoy poniendo mi muceta de doctorado, mis artículos de revistas y las fotos de mis hijos en el centro de mi vida diciendo: "Estas son las cosas que me hacen importante."

A pesar de que pienso que las mujeres deben usar sus talentos, desarrollar su mente y expandir sus horizontes, no creo que deban buscar la realización y la plenitud en la acumulación de éxitos externos. Pablo les sugiere a los creyentes en Galacia que debieran ser responsables de sus propios dones: "Así que, cada uno someta a prueba su propia obra, y entonces tendrá motivo de gloriarse sólo respecto de sí mismo, y no en otro" (Gálatas 6:4). Nuestros dones son de Dios; no son propiedad nuestra. Los sostenemos con las manos abiertas. A veces los que están cerca de nosotras nos ayudan a mantener la perspectiva de Dios en nuestros éxitos externos. Nos alientan a que nos ampliemos hacia otros campos, nos tienden una mano si nos caemos, y nos ayudan a ver que lo importante es lo que somos, y no lo que hacemos.

Necesitamos encontrar, cada vez más, nuestra seguridad y plenitud en Dios. También necesitamos disfrutar de nuestros logros, sin apoyarnos en ellos más de la

---

1 Henri Nouwen, *Lifesigns: Intimacy, Fecundity, and Ecstasy in Christian Perspective* (Nueva York: Doubleday, 1986), pp. 57-74.

cuenta. Necesito decirme lo siguiente con regularidad: "Bueno, me alegro de que se vaya a publicar este artículo. Yo sabía que era un artículo bueno, pero no significa el mundo entero para mí. Soy lo que soy, digna y amada, no por este artículo ni por las demás cosas que hago, sino simplemente porque Dios me ama."

Los aspectos que el mundo considera que son de éxito, tal vez no sean los mismos que Dios ve como verdaderamente importantes. Los discípulos querían mandar a los niños lejos de su Maestro tan importante y ocupado, pero Jesús los recibió y consideró que eran importantes. Los pobres, los que estaban privados de sus derechos políticos, eran las personas a quienes Jesús les dedicaba su tiempo y atención.

Cuando Ana presentó a Samuel al Señor, ella oró así: "No hay santo como Jehová; porque no hay ninguno fuera de ti, y no hay refugio como el Dios nuestro. No multipliquéis palabras de grandeza y altanería; cesen las palabras arrogantes de vuestra boca; porque el Dios de todo saber es Jehová, y a él toca el pesar las acciones" (1 Samuel 2:2-3).

Jesús es nuestro ejemplo. Él tenía toda la gloria del cielo, pero la cambió por la matriz de una madre, un pesebre, una vida con un ministerio que tenía un alto precio, y la muerte en una cruz. Pablo les mandó a los cristianos de Filipos a seguir su ejemplo: "Haya, pues, en vosotros este sentir que hubo también en Cristo Jesús, el cual, siendo en forma de Dios, no estimó el ser igual a Dios como cosa a que aferrarse, sino que se despojó a sí mismo, tomando forma de siervo, hecho semejante a los hombres; y estando en la condición de hombre, se humilló a sí mismo, haciéndose obediente hasta la muerte, y muerte de cruz" (Filipenses 2:5-8).

Cuando Jesús les lavó los pies a los discípulos, se estaba mofando deliberadamente de la jerarquía mundana que les da a aquellos que "no cuentan" la tarea de lavarles los pies a otros: "Pues si yo, el Señor y el Maestro, he lavado vuestros pies, vosotros también debéis lavaros los pies los unos a los otros" (Juan 13:14).

Una noche conocí a Arne en una cena. Yo me sentía particularmente lista aquella noche; mis chistes y juegos de palabras me parecían muy graciosos, y todo el mundo se reía de ellos. Yo hablé de mis escritos y estudios, y Arne estuvo sentado en una silla sonriéndose. En la mesa de comer, sacó la silla para que yo me sentara, algo que pareció de estilo antiguo y dulce a la vez. Los chistes y las discusiones políticas parecían revolotear a su alrededor; él sonreía y disfrutaba de su cena.

Más tarde, mientras tomábamos café en la sala, su esposa nos contó su historia. Él había sido maestro por muchos años. Una tarde de otoño, cuando se dirigía a su casa en bicicleta de vuelta de la biblioteca, un automóvil se detuvo de pronto delante de él. Chocó con el auto y fue arrojado sobre él; se le cayó el casco que llevaba puesto, y cayó de cabeza. Estuvo en estado de coma por veintiocho días; la familia estaba desesperada. Entonces, un día abrió los ojos y los comenzó a mirar. El accidente había ocurrido seis años atrás, dijo la esposa.

Después de oír la historia nos quedamos en silencio. Arne comenzó a hablar, diciendo:

—No soy tan inteligente como era antes . . . me toma algún tiempo darme cuenta de las cosas . . . pero mis sentimientos son mucho más profundos ahora, y siento mayor simpatía por las personas. Creo que ahora amo a las personas con mucha más profundidad.

Yo lo escuchaba y pensaba que ante los ojos de Dios son muchísimo más importantes la compasión y la simpatía. Entonces Arne habló otra vez:

— Dios se mueve de un modo misterioso — dijo.

Todos necesitamos la ayuda de Dios para obtener una nueva perspectiva de lo que es importante en nuestra vida. Necesitamos encontrarnos en Dios, y no en nuestros logros.

CAPÍTULO 4

Llenando nuestra vida de cosas materiales

Tiro una pelota de tenis por la orilla del río para nuestra perra. Caddie corre alegremente detrás de la pelota y la deja caer a mis pies. Se mueve expectante hasta que tiro la pelota otra vez. Stephen saca otra pelota de su bolsillo y se la da a Caddie. Al tratar de agarrarla, ella pierde la otra pelota. Trata de tomar las dos en la boca, pero se le va rodando. Se le cae una y recoge la otra. Está tan ocupada en conservar sus posesiones que se le ha olvidado el gozo de correr por la ribera del río en un día tan bello de junio.

Como Caddie, yo me siento tentada a acumular cosas, y a dedicarles toda mi atención. Veo una falda de pana azul oscuro en un catálogo y su imagen sigue presentándose en mi mente. ¡Qué bien me quedaría y qué útil que me sería para ir a dar mis clases! Tengo fantasías con respecto a remodelar el piso de arriba y convertirlo en una alcoba elegante con claraboyas en el techo. Trabajando un día en el baratillo de la escuela, me sorprendo pensando: "Esta lámpara está muy bonita . . . ¡y qué ganga!"

La tentación a la avaricia

Los cuentos tradicionales más antiguos hablan de la avaricia: "Alí Babá y los cuarenta ladrones", por ejemplo; pero sospecho que el deseo de llenar nuestra vida de cosas materiales está más extendido en el siglo veinte. En la sociedad norteamericana, la avaricia se da por sentada, y hasta se promueve; está literalmente en el corazón de nuestra sociedad de consumo. Las compañías gastan millones en anuncios que sutilmente activan nuestro interés por las cosas: "¡Claro que merezco un lujo!" "Pues, Juana tiene uno y mira cuánto lo ha usado; yo también debo de tener uno." Se nos olvida que la avaricia es pecado.

Jesús tomó la avaricia muy en serio, y habló más del dinero que de la resurrección o del juicio. Jesús entendía la naturaleza humana, y se dio cuenta de que el dinero y las posesiones nos podrían alejar de Dios. "Mirad —dijo Jesús—, y guardaos de toda avaricia; porque la vida del hombre no consiste en la abundancia de los bienes que posee" (Lucas 12:15). Estamos de acuerdo con Jesús; sabemos que el dinero no lo es todo, pero nuestra cultura nos enseña otro mensaje: "Por supuesto que nuestra vida consiste en lo que tenemos. ¿No tienes un barco? Pobre de ti. ¿No has comprado una casa? Debieras tratar de hacerlo. Recuerda que gana el que muere teniendo más juguetes."

Oímos este mensaje una y otra vez, a veces sutilmente, a veces directamente, y se nos comienza a olvidar que las cosas materiales no traen satisfacción; se nos olvida que Dios no nos creó para que halláramos la satisfacción en lo material. Pensamientos como *De veras necesitamos ese sofá nuevo* se nos ocurren y comienzan a darnos vueltas en la mente. Reflexionamos sobre ellos hasta que finalmente lo vamos a comprar. Por fin encontramos el preciso, y el vendedor nos asegura de que hemos tenido mucha suerte. Entonces nos dice que hay una promoción por tiempo limitado, con la que podríamos obtener una silla que hace juego con el sofá por sólo doscientos cincuenta dólares más. La pedimos y esperamos impacientes durante dos semanas el sofá y la silla. Cada vez que pasamos por la sala nos preguntamos cómo hemos podido resistir ese sofá viejo y roto por tanto tiempo. Al fin llega el gran día y los empleados traen las esperadas piezas. ¡Se ven mejor de lo que pensamos! Pero la euforia dura sólo uno o dos días. ¿Por qué? Porque lo material nunca satisface.

Pensamos que la razón por la que el sofá y la silla no nos han dado una satisfacción mayor, es por el deplorable aspecto de la alfombra. Realmente la sala luciría preciosa si le pusiéramos una alfombra nueva; entonces sí nos sentiríamos bien. El mundo nos dice que las cosas son lo que satisface. Nos vemos tentadas a llenar nuestra vida con cosas materiales porque ese es el mensaje que el mundo nos anuncia constantemente. Pero este mensaje tiene resonancia en nosotras mismas, en nuestra carne. La urgencia por satisfacernos con un vestido, un sofá, un jarrón o una planta nuevos siempre parece estar fresca. Cualquier cosa nueva que adquiramos nunca nos satisfará, de manera que siempre vamos a ser vulnerables a la próxima tentación. Note que nuestro astuto enemigo no nos recuerda que lo último que compramos no nos satisfizo; nadie nos dice: "Bueno, quizás el sofá no te ha satisfecho, pero la alfombra nueva sí lo hará." El mensaje de Satanás es más sutil, a menudo la simple imagen del artículo en cuestión: la blusa linda, la silla de extensión una tarde idílica de verano, incitándonos a la indulgencia.

Nuestra sociedad acepta y promueve la avaricia. El mensaje que el mundo ha promovido con tanto éxito, se ha introducido en las iglesias. Los ideales de los estudiantes de las universidades de hoy día son llegar a ganar grandes sumas de dinero, así como conducir un auto de lujo. Lo que tal vez sea sorprendente (o tal vez no) es que estos ideales son igualmente aceptados en las universidades cristianas.

La iglesia (o las universidades cristianas) se expresan fuertemente en contra de la inmoralidad, pero no así de la avaricia y la codicia. ¿Qué habría dicho Jesús del modo en que se nombra a los ricos como miembros de la junta directiva de las iglesias y las universidades, como si fueran de algún modo más importantes que los pobres?

La avaricia es un problema, no sólo porque tergiversa nuestros valores, sino porque nos hace perder el tiempo. Promover el reino de Dios pasa a un segundo plano, porque nuestro tiempo y dinero son para el nuevo piso de madera, la terraza que siempre hemos querido, o el nuevo automóvil. Las personas se vuelven menos importantes, porque estar al lado de un enfermo de muerte no nos ayuda a lograr nuestro propósito. En la medida en que el espíritu del mundo infecta nuestra manera de pensar, lo único que cuenta es ganar dinero.

El apóstol Pablo advirtió a las iglesias que estaban creciendo: "Pero fornicación y toda inmundicia, o avaricia, ni aun se nombre entre vosotros . . . Porque sabéis esto, que ningún fornicario, o inmundo, o avaro, que es idólatra, tiene herencia en el reino de Cristo y de Dios" (Efesios 5:3,5).

Todos pensamos que estamos bien, porque lo único que estamos haciendo es lo que hace el resto de la sociedad. Entonces enfrentamos una decisión: o amamos y adoramos a Dios, o amamos y adoramos al dios de la avaricia.[1]

Avaricia: La religión de hacer compras

Hace poco pasé por un centro comercial situado al lado de una carretera. Un letrero enorme decía: "Coma,

---

1 Jacques Ellul, *Money and Power* (Downers Grove, Illinois: InterVarsity Press, 1984), pp. 82-84.

duerma, y vaya de compras." De verdad, ¿qué más va a querer hacer una persona en la vida? Había muchísimos ómnibus de turistas alineados en el estacionamiento.

En nuestra sociedad decimos sin sinceridad: "En Dios confiamos"; pero en la realidad es: "Confiamos en lo material." Así es como vivimos. Una sociedad que ha perdido su genuina creencia en Dios no se queda sin ningún dios, sino que se forma otros dioses. En una sociedad en la que ya realmente no se cree en Dios, el materialismo se convierte en nuestra religión. Cuando Dios hablaba de la avaricia, no estaba hablando sólo del dinero, sino de todo aquello que se vuelve un dios en nuestra vida (Mateo 6:24; Lucas 16:13). Pablo les dijo a los cristianos en Colosas que la avaricia es idolatría (Colosenses 3:5), porque sitúa algo en el centro de nuestra vida que no va en ese lugar.

Ir de compras es la adoración y el sacramento de la religión materialista. Comprar no fue siempre un pasatiempo ni una actividad recreacional nacional. En un libro de Laura Ingalls una historia de la vida rural en el siglo diecinueve en los Estados Unidos, ella cuenta que cuando fue de compras en su primer viaje a la ciudad, trocaron pieles y compraron té "y un paquetito de azúcar para tenerlo en la casa cuando tuvieran visitas".[1] Entonces escogieron algunas yardas de tela para hacerle dos camisas nuevas a su papá, otras para hacer sábanas nuevas y ropa interior. Se quedaron atónitas cuando el dueño de la tienda les dio un caramelo a cada una. Comprar era una necesidad que se llevaba a cabo varias veces en el año para proveerse de lo que necesitaban, y quizás, para comprar algún antojo de vez en cuando. No es así en los Estados Unidos del siglo veinte, donde

---

1 Laura Ingalls Wilder, *Little House in the Big Woods* (Nueva York: Harper & Row, 1971), p. 170.

comprar es una actividad recreacional, y ¿adivine quiénes son los más felices con eso? Los detallistas que ganan mucho dinero, las compañías de tarjetas de crédito que ganan grandes sumas por concepto de interés, a medida que los compradores se sobrepasan comprando cosas que no necesitan.

Avaricia: La percepción de la enfermedad

Judy, una abogada de treinta y seis años, demoró varios años en darse cuenta de que las cosas no la satisfacían y que su avaricia amenazaba con destruir su vida. Ella misma se consideraba una adicta a las compras.

Después de su divorcio, Judy tenía muy poco dinero; se hacía sus propias ropas, y se mantenía a sí misma y un hijo, a la vez que asistía a la facultad de derecho. Entonces se unió a una firma legal muy lucrativa y se casó con un hombre cuyo negocio había empezado a ir bien. Ella comenzó a comprar ropas que le dieran una apariencia profesional, pero el gran cambio vino cuando fue a Europa en viaje de negocios.

Allí, Judy conoció a una mujer con "clase". Aunque ya había visto a las mujeres ricas gastar muchísimo dinero en ropa en las tiendas de su patria, esta mujer le resultaba diferente. Usaba su habilidad creativa para escoger telas bellísimas y conjuntos impresionantes. Cuando Judy regresó de Francia y Portugal, vino con la meta específica de vestirse como aquella mujer; no quería tener armarios llenos de ropa, ni tampoco quería cosas de marcas famosas ni de última moda. Lo único que quería era la apariencia de "clase".

Poco a poco, las compras de Judy se desorbitaron. Se dio cuenta de que después que comenzó a comprar ropa de buena calidad, no quería la que era barata. Pensó que tenía dos estilos de vida diferentes para los cuales vestirse adecuadamente: uno era como esposa y mamá, y el otro como profesional. Se dijo a sí misma que estaba comprándose cosas que realmente le gustaban, y no ropas para adornar el armario. Se enorgullecía de usar su ropa hasta que se desgastaba; y por supuesto, siempre había personas que eran peores que ella. Había oído hablar de los excesos de Donald Trump, y de los miles de zapatos de Imelda Marcos. Leía artículos sobre las personas que se habían arruinado por comprar más de la cuenta, como la mujer que describe la periodista Kim Wright Wiley. Esta mujer ganaba setenta mil dólares al año, pero se gastaba tantísimo que ya no podía pagar la cuenta de luz.[1]

A veces Judy se sentía molesta. Se dio cuenta de que usaba la palabra *necesitar*, y se preguntaba qué era lo que quería decir. "Necesito unos zapatos verde esmeralda que vayan con mi nueva chaqueta", o "Necesito un abrigo rojo para esos días intermedios del otoño." Empezó a darse cuenta de que no podía ir a ningún lugar sin usar un conjunto precioso. Un día Judy comenzó a sacar cuentas de cuánto dinero había gastado durante el año anterior en varios lujos y se quedó horrorizada al ver lo que había gastado en ropas.

El colmo fue cuando llegó a la casa un día con una falda que había comprado, una blusa, una bufanda y un cinturón, en los que había gastado cerca de setecientos dólares. "Cuando llegué a casa me sentía realmente enferma del estómago —dijo—. Empecé a darme cuenta de que tanto el comprar como la ropa significaban algo tan fuerte para mí, que daba miedo. Pensaba en la gente que se moría de hambre mientras yo gastaba este dineral en ropas." Judy se dio cuenta de que su hábito de compras era algo maligno con lo que ella tenía que lidiar y que debía controlar.

---

1 Wiley, Kim Wright, "The Mystique of Money", Savvy, abril 1987, p. 34.

¿Por qué hemos adoptado los valores del mundo?

La avaricia es un problema que se ha introducido en las iglesias. Me pregunto si hay alguien que viva en el mundo occidental que no tenga algún grado de avaricia. Las mujeres son las que han sido siempre caricaturizadas como compradoras serias. Quizás, por nuestra asociación con el hogar y la familia, hemos sido siempre responsables por los bienes materiales. Después de todo, si no somos nosotras las que compramos la ropa interior para nuestro hijo de diez años, no lo hará nadie más. Pero si consideramos detenidamente nuestros hábitos de hacer compras, veremos algo más. Nos daremos cuenta de que estamos invirtiendo mucha energía y emoción en nuestro vestir, nuestro pasatiempo de comprar, y en decorar nuestra casa. Una vez más, tratamos de llenar la necesidad central que tenemos con algo que la deja más vacía que antes.

¿Cómo es que las mujeres hemos caído en eso? Quizás las mujeres lidian con el gastar excesivamente como un síndrome de "premiarse y castigarse", que no es diferente de ciertos trastornos en la alimentación.[1] Una mujer se siente rechazada y va y se compra un par de zapatos nuevos. El comprar, escribe Collette Dowling (autora de varios libros populares sobre la psicología de la mujer), "nos compensa de algunos sentimientos muy profundos de estar privadas, de no ser suficientes así como somos. . . Comprar, me dice un amigo, es un acto femenino de machismo. O eso, o es un acto femenino de desesperación. Consumimos cosas para sentirnos fuertes. Consumimos para no sentir que nuestras propias privaciones nos estén comiendo vivas."[2]

---

1 Ibid.

2 Dowling, *Perfect Women*, p. 49.

Avaricia: La ilusión del control

Unas telas preciosas, una colección de loza, una casa acogedora: no es que haya un mal inherente a estas cosas. Para muchas mujeres, la decoración del hogar es una manera de darle salida a la creatividad; el problema es el lugar que le damos dentro de nuestra vida. Cuando usamos el vestido nuevo para que nos haga sentir mejor, o cuando creemos que una casa más nueva, más grande, nos traerá satisfacción; o nos tragamos la idea de que una lavadora nueva o un automóvil nos devolverán el control de nuestra vida. De este modo, lo único que hacemos es creernos las mentiras del mundo y hacer caso omiso de las palabras que Pablo le dijo a Timoteo: "Porque los que quieren enriquecerse caen en tentación y lazo, y en muchas codicias necias y dañosas, que hunden a los hombres en destrucción y perdición; porque raíz de todos los males es el amor al dinero, el cual codiciando algunos, se extraviaron de la fe, y fueron traspasados de muchos dolores" (1 Timoteo 6:9-10).

La ilusión — "si por lo menos pudiera tener un vestido nuevo, un sofá nuevo, una cocina nueva" — nos indica que Dios no es el centro de nuestra vida. Cuando lo es, creemos el consejo de Jesús: "Por tanto os digo: No os afanéis por vuestra vida, qué habéis de comer o qué habéis de beber; ni por vuestro cuerpo, qué habéis de vestir. ¿No es la vida más que el alimento, y el cuerpo más que el vestido?" (Mateo 6:25).

Cuando intentamos usar estas cosas para llenar nuestro vacío interno, es hora de que analicemos nuestra vida con detenimiento, para que nos preguntemos qué significa este deseo desesperado con respecto a nuestra seguridad con Dios. La ropa, los muebles para la casa, los equipos eléctricos, aun cuando no son malos en sí, nos nutren el deseo humano de estar en control de nuestra vida.

Cuando me enteré de que nos mudaríamos de nuestra antigua y bella rectoría en El Cabo, antes que tuviera la más mínima idea de dónde íbamos a vivir, o en qué clase de casa, comencé a decorar nuestro futuro hogar. Miré con detenimiento las revistas *Better Homes and Gardens y Ladies Home Journal*, buscando ideas que salieran económicas, tales como usar muebles de mimbre en la sala, y repisas abiertas en vez de gabinetes en la cocina. Compré cestas en las ferias de artesanías, y me las imaginaba agrupadas a un extremo de un hogar elevado frente a un fuego que chisporrotea.

También comencé a dibujar, a hacer planos, colocando los muebles con cuidado. Me preguntaba: "¿Dónde lucirá mejor la vitrina de porcelana? ¿en la sala o en el comedor?" "¿No sería conveniente que compráramos algunos muebles de fustete africano mientras estemos en posición de poderlo hacer?" Planeaba y volvía a planear, compraba en las subastas y en tiendas de antigüedades, perseguía las liquidaciones de cortinas en el centro comercial.

Me decía que estaba simplemente tratando de hacer un hogar para mi familia, un nido para mis hijos, un lugar maravilloso en el que mi cansado esposo pudiera relajarse. Esa actitud me sonaba bien cristiana, pero un día mientras leía un pasaje de Mateo 8, llegué a la parte en que Jesús dice: "Las zorras tienen guaridas, y las aves del cielo nidos; mas el Hijo del Hombre no tiene dónde recostar su cabeza" (v. 20). Me quedé asombrada de que Jesús pudiera decir algo que parecía tan contrario a lo que yo había leído sobre la ama de casa cristiana. Tuve la impresión de que al rodear a mi familia y a mí misma de comodidades y objetos bellos, estaba llevando a cabo una actividad aprobada por Dios.

Me comencé a preguntar por qué estaba haciendo bocetos todo el día y comprando, por qué presentía que tenía que llegar a aquella tienda antes que terminara la rebaja. Me di cuenta de que estaba buscando seguridad en las cosas materiales. Si compraba una lámpara, era algo físico que yo podía tocar y mirar, y esa lámpara iba a estar conectada en algún lugar, a pesar de que yo no sabía todavía en qué continente sería. Me hacía sentir mucho mejor; me hacía sentir que yo estaba en control.

Todavía veo eso en mí misma. Recientemente, cuando me pidieron que hablara en un seminario grande, me puse nerviosa porque los oyentes pudieran no estar muy entusiasmados por mis percepciones como maestra cristiana de redacción. Dos días antes de mi vuelo, supe que debía de ir a una tienda elegante de señoras para comprarme un vestido nuevo, algo deslumbrante que me hiciera sentir segura. Quizás un buen corte de pelo me ayudaría, y hasta pensé en cambiar mis lentes de contacto.

Cuando comienza ese deseo de comprar, cuando algo adentro me comienza a inquietar: "*Justers* está abierta todavía; podrías pasar por allí"; entonces sé que ha llegado el momento de analizarme y ver por qué estoy tan desesperada por algo nuevo.

La ilusión de que las cosas proporcionan control

Quiero controlar mi vida; una de las vías que uso para tratar de lograrlo es poseer cosas. Me gusta saber que tengo cosas que me pertenecen.

Todos los veranos pasamos tres semanas en una isla donde mis padres tienen una cabaña. El clima es muy fresco y agradable, y el agua muy azul; los niños juegan a la orilla de la playa, y los martines pescadores pasan rasando el mar. Es algo perfecto, pero mi esposo y yo notamos que mientras caminamos y conversamos, miramos casas construidas en lotes espectaculares, con una vista maravillosa, y empezamos a desear que una de ellas fuera nuestra. Hablamos de lo que podríamos hacer si de pronto tuviéramos dinero y cuál propiedad compraríamos. Nos volvemos descontentos y avaros, y aunque estamos en aquel lugar tan hermoso, no estamos satisfechos con estar en una cabaña. Queremos ser dueños de un terreno en esa isla, controlar nuestro futuro, de manera que podamos pasarnos todos los veranos allí.

Lo mejor que podemos hacer para volvernos a la realidad es ir al centro recreacional de lujo más cercano, donde los propietarios anclan sus yates de treinta metros (algunos incluso tienen una pista de aterrizaje para helicópteros), sus goletas de veinte metros o sus hidroaviones. La gente se pavonea con sus ropas de diseñadores famosos, bronceados por el sol, y hablan de cuál restaurante tiene el mejor salmón fresco o el mejor vino para la cena. Nos sentamos en un banco y los miramos. Sus ojos están vacíos; se hablan bruscamente unos a otros. Si hace tiempo perfecto, no se dan cuenta. Si no está perfecto, rezongan. Son como los niños cuando se ponen majaderos porque se les ha pasado la hora de dormir la siesta. Se hace claro que las cosas no brindan satisfacción, y aun la posesión de muchas cosas no nos da el control de nuestra vida.

Tristemente, la mirada en sus ojos no es diferente de la de muchos cristianos, que han aceptado lo que dicta el mundo y creen que la satisfacción se encuentra en los distintos tipos de comodidad y la posesión de cosas alrededor de uno. La mayoría de nosotros en el occidente vivimos cómodamente, algunos hasta son ricos, de acuerdo con los patrones del mundo. Quizás Jesús tenía razón cuando dijo: “De cierto os digo, que difícilmente entrará un rico en el reino de los cielos” (Mateo 19:23).

¿Por qué es tan difícil para nosotros, occidentales ricos y avaros, entrar en el reino de los cielos? Porque las cosas que tenemos nos proveen satisfacción temporal (y parecemos incapaces de recordar que la satisfac-

Lo contrario de la avaricia: el contentamiento y la generosidad

Pablo le escribió a Timoteo: "Pero gran ganancia es la piedad acompañada de contentamiento; porque nada hemos traído a este mundo, y sin duda nada podremos sacar. Así que, teniendo sustento y abrigo, estemos contentos con esto" (1 Timoteo 6:6-8). El contentamiento y la satisfacción son los grandes enemigos de la sociedad de consumo, de la propaganda y de la avaricia.

Para estimular el contentamiento, debemos analizar nuestra avaricia y ver qué nos dice respecto de nosotras mismas. ¿Estoy haciendo frente francamente con mi propia avaricia, o estoy justificando lo que hago como si fuera necesario, cuando no lo es? ¿Estoy gastando más dinero de la cuenta en cosas que no son necesarias? ¿Pienso que las cosas me harán sentir satisfecha si las llego a poseer? ¿Es que he creído las mentiras que se dicen sobre las mujeres que necesitan ir de compras para sentirse felices? ¿Habré pensado que no valgo para nada si no uso buena ropa o no decoro mi casa bellamente? ¿Estaré tratando de rodearme de cosas para alcanzar la seguridad que no es posible tener si no es en Dios?

Para estimular el contentamiento, también debemos recordar que la causa de nuestra avaricia es posiblemente una mentira. Debemos estar dispuestas a responder: "¡Ah! ¿Y tú esperas que me crea que usar un vestido nuevo me va a hacer sentir más seguridad en mí misma? De todos modos, eso nunca me ha funcionado. ¿Y esperas que crea que tener una nueva mesa de comer me va a hacer sentir complacida? ¡Bobadas! Si me compro un bote eléctrico de cocción lenta, tendré que buscar un espacio en el armario para ponerla; si nos mudamos, tendré que llevarlo conmigo. La fotografía del anuncio no muestra la vasija acumulando telarañas en un armario al lado de un wok, una olla de hacer arroz al vapor, o cualquier otra cosa. Realmente no necesito ninguna bote de cocción lenta. ¿Por qué voy a dejar que eso ateste mi vida?"

Si se nos hace muy difícil gritar más fuerte que la sociedad y los medios de comunicación, entonces es bueno que nos hagamos responsables ante otra persona de nuestras acciones. Si vamos a hacer una compra de más de treinta dólares, mi esposo y yo hemos quedado en no sucumbir ni a la más tentadora de las gangas sin esperar cuarenta y ocho horas y conversar al respecto primero. Nos apoyamos uno en el otro para buscar la mejor perspectiva.

Pablo alienta a los cristianos a que se contenten con lo que tienen, y nosotras mismas podemos estimularnos a "no caer en la tentación" con nuestras elecciones. Para muchas mujeres, ir de compras u hojear catálogos cuando no necesitamos nada específico, es como ponernos a ver una revista *Playboy*; es un esfuerzo por "caer en la tentación". Comenzamos a ver todas las cosas que no tenemos y a pensar que las merecemos. Debemos evitar ir de compras a no ser que necesitemos algo en particular, y usar una lista cuando tengamos que ir a las tiendas.

Hay un principio muy importante: Si la persona no va de tiendas, entonces no compra nada. Suena tonto, pero cuando estoy demasiado ocupada para ir a los centros comerciales o a las tiendas de descuento, los cheques que salen de nuestra chequera por concepto de compras innecesarias son muchos menos. Comprar objetos de uso o en baratillos o liquidaciones, tal vez parezca buena mayordomía, pero es posible que acumulemos cosas por gusto. ¿Cuántas mujeres tenemos sótanos, desvanes, o armarios donde guardamos todas las gangas que vamos comprando? Comprar de por sí estimula el ensimismamiento, porque pensamos en nosotras mismas, en nuestras necesidades y deseos. Aun las compras de Navidad, que supuestamente son para otros, consisten en pensar en lo que los demás pensarían si les compráramos esto o aquello, y qué tal se ve nuestro regalo en comparación con el que ellos nos dieron el año anterior.

Para estimular el contentamiento, tenemos que tomar en cuenta todo lo que tenemos, y evitar exponernos a las fuerzas que nos inducen a pensar que necesitamos tener más. Si yo me dijera: "Tengo muchísima ropa, mucha más de lo que tiene casi todo el mundo, y no podría tener más aún y darle uso", entonces tomaría los catálogos de ventas por correo y los botaría en la basura sin pensarlo dos veces. También debiéramos evadir la propaganda, que está diseñada a minar nuestra satisfacción y a alentar la avaricia. Si leo los anuncios, en seguida empiezo a pensar: "Esa blusa está preciosa. ¿No se vería bien con mi falda nueva? ¡Y qué ganga! Podría ahorrar el cuarenta por ciento." Si escucho los anuncios en la tele, comienzo a decir que "necesitamos" una máquina de cortar césped de las nuevas. La propaganda y nuestra economía se basan en mantener a las personas en un estado mental de insatisfacción, porque las personas satisfechas no son vulnerables a las ventas ni a las rebajas. Nuestro Enemigo quiere que estemos fundamentalmente (y eternamente) insatisfechas.

Parte de la satisfacción es la perspectiva, puesto que podemos escoger con quién nos vamos a comparar. Cuando estamos alrededor de personas ricas a veces me sorprendo pensando: *Me gustaría tener una cabaña como esa. ¿Por qué no podemos hacer un viaje a Europa mientras los niños están todavía en una edad en que lo pueden disfrutar?* ¡Pobre de mí! Es necesario que me acuerde siempre de nuestros amigos que están luchando constantemente por pagar la renta o poderle comprar ropa a sus hijos, o cuán exorbitantemente ricos somos si nos comparamos con los que son realmente pobres en gran parte del mundo. Si estamos verdaderamente identificadas con nuestros vecinos pobres, ayudando en programas de alfabetización, de comida, o de cualquier cosa, tendremos una perspectiva más clara.

Otro modo de hacer crecer nuestro contentamiento es dando a otros. La generosidad es lo opuesto a la avaricia. Conocí a una familia en El Cabo que una vez al año hacía un recuento de lo que tenía y sacaba cualquier cosa que no había usado durante ese año. (Eso nos da una mejor perspectiva de nuestras cosas.) Entonces hacían algo radical y desafiante; no vendían lo que les sobraba sino que lo regalaban. Richard Foster habla de la tremenda respuesta cuando vemos que se asoma la avaricia en nuestra vida: dar.[1] El dar aniquila el sentimiento que podamos tener de avaricia. La generosidad da, y la avaricia absorbe.

El estar libres de la avaricia es algo muy evidente en la generosidad de los cristianos del tercer mundo. Yo aprendí esta lección tan importante con Lizzy. Cuando vivíamos en África del Sur ella era mi amiga. Era muy pobre y negra. Ganaba una miseria para mantenerse a sí misma y sus dos niños limpiando casas, todos los días, con su pequeño hijo Nzuzo de cuarenta libras amarrado a su espalda. Era tan pobre que caminaba kilómetros para ahorrar el costo del viaje en tren.

Una de las mujeres para las que Lizzy trabajaba le regaló una ropita nueva para Nzuzo, de una de las mejores tiendas de la ciudad, en la que se podían devolver los artículos con facilidad. La ropita le quedaba pequeña a Nzuzo, así que Lizzy vino y me dijo:

---

1 Richard Foster, *Freedom of Simplicity (San Francisco: Harper & Row, 1981), p. 118.*

— Mary Ellen, quisiera darte esto para Stephen.

— Lizzy — le dije —, eso lo puedes cambiar por otra cosa que le sirva a Nzuzo.

— Lo sé — dijo —, pero mi corazón me dicta que te lo dé a ti. Quiero ver a Stephen con esto puesto.

— Pero Lizzy . . . un trajecito como éste es muy caro. Piénsalo bien porque lo podrías cambiar.

— Sé que lo podría cambiar; pero, ¿qué es el dinero comparado con el amor?

Entraba en mi conciencia la conclusión de que a pesar de mi generosidad (después de todo, ¿no había escogido ir a vivir al África?), el dinero dominaba mi pensamiento y mis valores.

Lizzy vio el dinero desde una perspectiva adecuada. Jesús reconoció que seríamos tentados a usar el dinero y las posesiones para encontrar la satisfacción temporal, el control y la autoestima. Jesús alienta a sus seguidores a que en lugar de eso inviertan en el tesoro que está en el corazón de su vida.

CAPÍTULO 5

Concentrándonos en la comida

Muchas mujeres comemos demasiado, pensamos en la comida más de lo que quisiéramos, y gastamos mucho dinero en comida. Estamos tentadas por los maravillosos chocolates suizos al lado de la caja, golosinas de frambuesa, y helado de pacana en el nuevo centro comercial, así como otros manjares exóticos que se encuentran en los restaurantes del centro de la ciudad. La comida es algo que procuran vendernos todo el tiempo: gastrónomica, naturista, y de dieta. Los restaurantes promueven los especiales de "come todo lo que quieras", y los cruceros ofrecen tres o cuatro magníficas comidas al día. Los visitantes a los Estados Unidos se sorprenden de lo mucho que aquí se habla de la comida, de la próxima comida que van a ingerir, y hasta de una comida memorable que ya pasó. Se asombran de cuán centrada está la vida social en ir a comer fuera. La comida adquiere una importancia desproporcionada; en vez de estar enfocados en Dios nos enfocamos en lo que vamos a comer en nuestra próxima comida, o en el pastel de chocolate que está en la cocina.

Asociamos al pecado capital de la gula con atracarse, con los viciosos banquetes medievales con carne de venado, puercos asados (y con una manzana en la boca), faisanes y postres enormes, mientras que los campesinos permanecen afuera comiendo un poco de caldo. O pensamos en los banquetes romanos, donde la gente se hartaba y provocaba el vómito para poder seguir comiendo. Pero tanto la glotonería como la tentación de enfatizar la comida, están bien presentes en nuestra sociedad de hoy.

Nuestra naturaleza carnal tiene mucho poder en nuestra vida: el estómago pidiéndonos comida, o aún peor, las papas fritas que están en la cocina clamando por atención. Quien hace dieta sabe que no las debe comer y no quiere comerlas, pero así y todo lo hace. Eso nos recuerda las palabras de Pablo a los romanos: "Porque lo que hago, no lo entiendo; pues no hago lo quiero, sino lo que aborrezco, eso hago" (Romanos 7:15).

Una compañera mía de cuarto en la universidad lo decía así (al llegar con un helado en la mano): "Lo único que hacemos los cristianos es comer. No podemos tomar, no podemos fumar, no podemos dormir con cualquiera; así que comemos."

Lo opuesto a la glotonería es comer con autodisciplina. El que come de manera disciplinada reconoce que la comida es un *regalo de Dios y algo que se debe compartir.*

En el Antiguo Testamento se considera la comida como un regalo de Dios que satisface y hasta deleita (Isaías 55:2). Y tenemos la obligación de compartir la comida con los que no la tienen. Dios le pide a su pueblo que "parta su pan con el hambriento" (Isaías 58:7). El justo debe "dar de su pan al hambriento" (Ezequiel 18:7).

En el Nuevo Testamento Jesús les dice a sus seguidores que no le den tanta importancia a la comida, porque la vida es "más que el alimento" (Mateo 6:25). La carne de Jesús "es verdadera comida" (Juan 6:55). Como los hijos de Israel en el Antiguo Testamento, se les alienta a los cristianos a que estén satisfechos si tienen "sustento y abrigo" (1 Timoteo 6:8), y a que compartan con aquellos que tengan necesidad (Santiago 2:15). Nuestra cultura estimula el descontento y la tacañería, y el pedir otra porción de comida mientras los pobres pasan hambre. Los resultados de la glotonería, es decir, estar insatisfechos y no compartir, son sólo una parte del problema.

La glotonería en nuestra sociedad no es la simple tentación de excederse en comer chocolate, o de acaparar otras golosinas. Cuando pienso en toda la energía emocional que he consumido en hacer dietas, casi no lo puedo creer. Recuerdo haberme sentido tan culpable que estaba totalmente debilitada, y apenas podía ni orar. A veces, cuando me comienzo a preocupar por el ancho de la cintura, me digo a mí misma: "Mary Ellen, ¿te das cuenta de lo afortunada que eres? ¿Cuántas personas en el último milenio fueron lo suficientemente afortunadas como para preocuparse con comer mucho o con la gordura?" Muy pocas. La mayoría temían adquirir enfermedades, o infecciones mortales a través de pequeñas cortadas, o morir de parto. Y si se preocupaban de la comida, era porque no tenían la suficiente para sobrevivir, y ese es un problema real para muchas personas en la actualidad.

Entre la espada y la pared

El problema real de la glotonería no es el comer. Atacar o eliminar la glotonería no es lo principal. El comer mucho es, a menudo, la parte más insignificante del problema real, comparado con el sentimiento de culpabilidad y la condenación que las mujeres enfrentamos por comer mucho. Los remordimientos nos debilitan y nos sentimos más inútiles y menos amadas que antes. En vez de preguntarnos por qué nos comportamos así, nos condenamos hasta que comemos un poco más para sentir algún consuelo momentáneo y luego sentirnos peor. Si el problema de la comida fuera sólo la comida, no tendríamos que enfrentar tal dilema.

Las revistas de mujeres muestran nuestro mayor dilema. Ponen en las portadas postres deliciosos, rellenos de crema y chocolate. "¡Haga este postre en quince minutos!" Además de la foto en la portada, los titulares dicen cosas tales como: "Caderas más estrechas en dos semanas"; "La dieta fácil del doctor Freddie"; y "Luzca como usted siempre ha querido para ir a la reunión de graduados de su escuela"; y todo eso nos seduce. La comida y la figura están batallando siempre, aun en la portada de una revista.

La glotonería es un problema, porque la comida (tanto para nosotras como para nuestra familia) y el cuerpo perfecto son cosas que se muestran simultáneamente. Para muchas mujeres el comer compite con el cuerpo ideal aceptado que se presenta a través de la propaganda.

La comida y la figura: mi historia

La pequeña Susannah, de siete años de edad, está hablando conmigo en el comedor, pero en realidad se mira en el espejo del aparador. No puede apartar su mirada de la hermosa criatura que mueve su pelo castaño rizado y sacude el cuerpo.

Desde que recuerdo, nunca me gustó mirarme en los espejos. Miraba cómo mi madre se peinaba en el espejo del baño, con los labios apretados como desaprobando. Movía la mano tratando de hacer que el pelo se quedara en el lugar justo. Yo nunca me miraba; nunca pude ni siquiera demostrarle a mi mamá que eso me importaba. Comencé a usar unos espejuelos puntiagudos, color café, en el segundo grado; me posaban en la nariz y me hacían lucir estudiosa, pero no bonita. Y había los rizos que mi mamá me amoldaba todas las noches alrededor de la cabeza, tratando de que mi pelo, que era completamente lacio, luciera rizado. A mí no me importaba eso; yo sacaba buenas notas y leía muchísimo.

Encontré un artículo en la revista *McCall's* acerca de

niños que son modelos y lo conservaba doblado en mi diario. Mi modelo favorita tenía ojos azules muy grandes y pelo castaño y crespo como la cresta de las olas. Leía y releía los comentarios sobre la niña: "Debbie, de ocho años de edad, ha sido modelo desde los dos años. Tiene esa imagen perfecta que buscan tantas revistas. Su papá es un cirujano en Nueva York, y su mamá actúa como su agente." Le puse Debbie a mi muñeca y accedí a hacerme un tratamiento permanente en casa para rizar mi pelo. Un día mientras me hacía la permanente, me quedé sentada en una silla roja desteñida que estaba en el patio, mientras me comía una tostada con jalea de frambuesas hecha en casa y pensaba en Debbie. Después de seis horas con los rulos puestos y de haberme echado distintas soluciones en la cabeza, mi pelo lucía tan perfecto como en una foto. Me quité los espejuelos y me miré en el espejo. Al día siguiente mi pelo estaba tan lacio como siempre, y tuve que volver a amoldármelo con rulos. "Creo que ese permanente te dio esa vuelta extra que necesitaba tu pelo", dijo mi mamá.

En séptimo grado, las niñas se paraban delante del espejo del baño a cepillarse el flequillo usando agua y gomina para que les tapara las cejas depiladas. "¡Ay, un granito! ¿Puedes prestarme tu maquillaje?" Yo salí de un compartimento del baño, me lavé las manos, y me fui de allí sin mirar el espejo.

Ese mismo año Lisa y yo pasamos varios días de lluvia durante las vacaciones de primavera, mirando las revistas *Playboy* de su papá. "Mira a esta muchacha: parece una muñeca Barbie", le dije con un gemido a Lisa. Senos enormes, cintura pequeña y piernas largas; así es como se suponía que fuera nuestro cuerpo. Lisa usaba una copa pequeña; yo no necesitaba usar sostén, y mis piernas eran algo regordetas.

Twiggy apareció en la portada de la revista *Life*.

— Ella es horrorosa — dijo mi mamá.

— A nadie le gustan las mujeres masculinas — dijo mi papá.

Un día en noveno grado, una de las muchachas más delgadas, que usaba ropa de la revista *Seventeen*, suspiró y dijo:

— Tengo que bajar de peso.

— ¿Pero dónde? — le preguntamos.

— Aquí — dijo, señalando un pequeño abultamiento que tenía a un lado de su rodilla.

Empecé a hacer una dieta. Estuve dos semanas pasando hambre y luego otras dos comiendo de todo: pizzas, hamburguesas, refrescos y helados. Cuando me sentía obesa y veía que pesaba casi setenta kilos — ¡qué horror! —, me puse el traje de correr de mi hermano y corrí seis kilómetros y medio.

El verano antes de comenzar mi último año en la escuela secundaria, fui casi diez kilómetros en bicicleta a mi trabajo en la biblioteca. Me senté al sol y lentamente me comí una pequeña ensalada para el almuerzo, pero seguía igual con hambre después de habérmelo comido. Entré a la cocina cuando llegué del trabajo y encontré a mi mamá sacando del horno unos panes dulces que acababa de hacer. "Mamá — dije lamentándome —, ¿cómo puedes hacerme esto? ¿No sabes que estoy tratando de bajar de peso? ¡Te odio!" Y entonces me fui a mi cuarto.

Sentí lo mismo diez años más tarde en África del Sur, pero esta vez tenía más práctica en ser cortés. Una noche sonó el timbre de la puerta mientras me preparaba para leer un libro. Era una parroquiana con un plato de galletitas que me dijo:

— Le traje estas galletitas.

— Muchísimas gracias. Muy amable — dije, mientras pensaba: *¿Cómo podría hacerme esto? O me las* *como todas ahora mismo o paso la noche con los ojos en las páginas del libro y la mente en la cocina con las galletitas.*

Después que nació Stephen, lo estuve amamantando y tratando de comer una dieta normal. Bajé casi catorce kilos y me sentía de maravilla. La ropa se me caía, y tuve que comprar vestidos nuevos. Me compré un mono que mostraba lo estrechas que estaban mi cintura y mis caderas. Mis senos estaban más grandes por el amamantamiento. Me sentía diferente con respecto a mi cuerpo: aun a los veintiocho años quería lucir como una muñeca Barbie. ¿Y a quién tenía que impresionar?

Aún ahora, cuando voy a la peluquería y la peluquera me da media vuelta en el asiento para que pueda admirarme en el espejo, dudo en pedir que me alcance los espejuelos para poder ver la imagen borrosa de carne y pelo en el espejo. Me decido a hacerlo sólo para que la peluquera no piense que soy una idiota: "¿Qué clase de mujer no va a tener el valor de mirarse en el espejo cuando me está pagando veinte dólares para que le corte el pelo?"

¿Qué clase de mujer, de veras? Una que todavía se ve a sí misma como una niñita con rulos en la cabeza y espejuelos puntiagudos, quien ha escuchado (como la mayoría de las mujeres) el mensaje de que es de suma importancia tener un cuerpo aceptable.

La cara en el espejo

¿Le gusta a usted la imagen que ve en el espejo? Si le gusta, está en una minoría muy selecta. De las treinta y tres mil mujeres encuestadas por la revista *Glamour*, sólo el seis por ciento se sentían satisfechas con su cuerpo.[1] La mayoría de las mujeres sobreestiman el

1 Dowling, *Perfect Women*, p. 53.

tamaño de su cuerpo cuando se describen a sí mismas.[1] Puesto que nuestra cultura no ha valorado la femineidad, las mujeres son más susceptibles a sentimientos de inferioridad; por lo tanto, si no les gusta lo que ven en el espejo, se afecta todo lo demás.[2]

Lo que el mundo les dice a las mujeres sobre su cuerpo

El cuerpo correcto lo dictan las normas de la sociedad, algo que los cristianos llaman el mundo. El cuerpo correcto de una mujer siempre ha sido aquel que la ayudará a serle atractiva a un hombre. Puesto que los estilos cambian, esta imagen también ha cambiado. La mujer ideal de las pinturas del Renacimiento difiere de la imagen que se nos muestra hoy día. Rubens, Tiziano y Miguel Ángel idealizaron a mujeres de las cuales todos se reirían hoy en una clase de ejercicios aeróbicos.

En las primeras dos décadas de este siglo, se veía un cuerpo delgado como falto de atractivo y poco saludable. Con la década de los años veinte vino el auge del movimiento por el sufragio de las mujeres, y éstas querían parecerse a los hombres. Estaba de moda ser delgada, tener el pelo corto y hasta tratar de disimular los senos.

¿Qué es lo que el mundo occidental de finales del siglo veinte tiene por norma de belleza que todas debemos seguir? Las exhibiciones de modas, los anuncios y las revistas de mujeres anuncian el ideal a seguir. Las mujeres requieren de tiempo y trabajo para lucir "presentables". ¿Qué tiene que hacer una mujer para lucir bella? "Debe de hacer dieta para quitarse la fea gordura; rizarse, estirarse o teñirse el pelo; aprender a maquillar-

---

1 Sanford y Donovan, *Women and Self-Esteem*, p. 370.

2 Dowling, *Perfect Women*, pp. 14, 28.

se, a vestirse, a sentarse, a pararse y a caminar para ser aceptable. Debe afeitarse las piernas y las axilas, depilarse las cejas, decolorarse el pelo de los brazos y de la cara para poder ser aceptable. Siempre debe acordarse de usar perfume y desodorante.[1] El cuerpo de una mujer no es aceptable tal como es; no lo acepta la sociedad, ni lo acepta ella tampoco.

¿Cómo puede una mujer aceptar su cuerpo, si lo está comparando con un ideal que no tiene grasa, es algo atlético, alto y esbelto y preferiblemente con unos senos grandes? La mujer ideal luce como una muñeca Barbie, y se nos ha dado el mensaje repetido a través de juguetes, comedias, dibujos animados y revistas desde que éramos jóvenes. La perfección del cuerpo de una mujer, en traje de baño, es juzgado (por un panel de hombres) en la competencia de Miss América (y sus variantes). Aun estas mujeres perfectas deben cuidarse algunas partes específicas del cuerpo para lucir como deben. Se nos proyecta constantemente el cuerpo de mujer perfecta mediante los maniquíes en las tiendas, y especialmente a través de los medios de comunicación.

Aun entre las modelos y las actrices, muy pocas mujeres poseen un cuerpo perfecto. Las computadoras retocan sus fotografías, adelgazando sus muslos a través de la tecnología, y disimulando cualquier imperfección que pudieran tener sus cejas. O bien nos muestran partes del cuerpo por separado. La mano perfecta, los muslos perfectos, las cejas perfectas. Aunque hubiera una mujer normal que tuviera el cuerpo de la clase correcta y de ninguna manera estuviera genéticamente predispuesta a ser gorda, no podría competir con las imágenes retocadas de las mujeres que presentan los medios de comunicación.

---

1 Carol Christ, *Diving Deep and Surfacing* (Boston: Beacon, 1980), p. 16.

El cuerpo perfecto es adolescente e imposible de alcanzar, pero nos creemos que necesitamos esa clase de cuerpo (o por lo menos uno que esté bastante cerca) para ser verdaderamente aceptables. Esta presión intolerable de rechazar nuestro cuerpo, de hacer caso omiso de nuestro apetito como algo malo, es más difícil de soportar para algunas mujeres. En el peor de los casos se presenta en el autodesprecio de la anorexia o la bulimia, condiciones que están creciendo de manera catastrófica entre las jóvenes de hoy día. Algunos psicólogos plantean que la anorexia es un rechazo por la adolescente de la femineidad que ha visto devaluar constantemente.[1] No es coincidencia que la mayoría de las víctimas de estas enfermedades son mujeres; ellas son las que sufren la mayor presión para que se ajusten a la norma del cuerpo perfecto.

¿Quiénes son los perdcdores? Las mujeres. Nosotras somos las perdedoras porque se nos tienta a invertir nuestro tiempo y energía en la persecución de un espejismo, persiguiendo una norma que ha establecido el mundo. Nosotras somos las perdedoras cuando la comida es de importancia desmesurada, y estamos atrapadas en una espiral de condenación y desesperanza. La mayoría de los estudios muestran que el noventa por ciento de los que hacen dieta y logran perder peso lo vuelven a subir. ¡Qué estadística más alentadora! Les augura una vida de frustración a los que están obsesionados por la comida y por la imagen que tiene la sociedad del cuerpo perfecto. Nosotras somos las perdedoras cuando permitimos que el disgusto que sentimos por nuestro cuerpo nos lleve a hacer cosas sin sentido.

¿Quiénes son los perdedores? Las mujeres, puesto

---

1 Kim Chernin, *The Obsession: Reflections on the Tyranny of Slenderness* (Nueva York: Harper & Row, 1981), p. 155.

que desperdiciamos nuestro tiempo, energía emocional y dinero. Una vez más (gracias al mundo y a la carne, probablemente juntados por el diablo), trato de reemplazar a Jesús como centro de mi vida con mi precioso cuerpo. Cuando comience a perder peso y me parezca a fulana, entonces estaré feliz; me sentiré confiada, y seré una persona digna. No seguimos adelante viviendo para Cristo, sino que nos preocupamos de la comida y de nuestra figura. Satanás debe de estar encantado de que se gaste tanto dinero, energía emocional y tiempo en perseguir el espejismo de tener un cuerpo de mujer ideal.

¿Quiénes son los ganadores en este juego? Mayormente los expertos de la moda, que siguen promoviendo distintas ropas y maquillaje fino para hacernos lucir mejor, aceptables y contentas. Otro ganador es la industria de las dietas. "Los norteamericanos gastaron más de treinta mil millones de dólares el año pasado en ofertas tales como libros de dieta, cintas de video, supresores del apetito, comidas dietéticas, bebidas bajas en calorías, y programas comerciales de perder peso."[1] Los cirujanos plásticos, así como los que hacen la liposucción, también ganan dinero con esa obsesión.

Libres para ser gordas

Las librerías cristianas están llenas de libros acerca de cómo perder peso; eso implica que las normas de la sociedad sobre la belleza femenina se han introducido en la iglesia. Pablo sugiere que los cristianos no deben adoptar las directivas del mundo (Romanos 12:1-2). La presión externa sobre los cristianos es muy fuerte; para no doblegarnos a esa presión, debemos cuestionar la imagen de la muñeca Barbie y preguntarnos por qué la

---

1 Julie Johnson, "Bringing Sanity to the Diet Craze", *Time*, 21 de mayo de 1990, p. 74.

forma del cuerpo de una mujer debe ser dictado por el mundo.

La peor consecuencia que traen las "dietas cristianas" a las mujeres es que dan por sentado que si las mujeres controlan su problema de exceso de apetito y adquieren una buena figura (y así siguen las instrucciones del mundo, proclamadas por los planes de dieta y los magnates de la moda), entonces se sentirán felices y realizadas. Eso por supuesto es idolatría; sólo nuestra relación con Dios puede hacernos sentir realizadas. De acuerdo con Pedro, la belleza de una mujer es algo interior, no su forma externa (1 Pedro 3:3).

El sugerir que las mujeres cristianas se pueden adaptar al patrón de la moda del mundo haciendo dietas, es como ponerle una banda adhesiva a una herida muy profunda. Muchos libros "cristianos" de dieta le echan sal en esa profunda llaga de las mujeres que es la poca autoestima, suponiendo que la gordura es un pecado. Añadir este sentimiento de culpabilidad a una pobre autoimagen no ayuda para nada, y el peso acumulado de esa culpa lleva a la persona a una espiral, cada vez más profunda, de rechazo de sí misma. ¿Cuántas veces les hemos hablado bruscamente a nuestros hijos o hemos estado irritables con una amiga porque nos sentíamos culpables por habernos comido unos chocolates, o porque nuestro estómago vacío de hacer dieta clamaban por comida? Y si la iglesia considera la gordura, lo cual es bien visible, como una indicación de pecado, debiera exigir que todos los demás pecadores usen algo que indique sus pecados como una "A" para el adulterio. Otros deben usar una gran "O" para el orgullo, o una "L" inmensa para la lujuria.

Rompiendo el ciclo

Para ver cuánto ha penetrado el mundo en la iglesia, sólo hace falta mirar algunos libros cristianos sobre el matrimonio que subrayan la idea del mundo sobre la belleza.

En *His Needs, Her Needs* [Las necesidades de él y de ella], Willard Harley escribe de una de las necesidades más grandes del hombre en un capítulo titulado: "Él necesita una mujer bien parecida: una esposa atractiva." Harley habla de Nancy, una mujer que subió de peso después de su matrimonio con Harold. Él, por supuesto, no puede soportar el hecho de que su esposa no sea atractiva, y no está orgulloso de que lo vean con ella. Aconsejando a este hombre, Harley sugiere una separación legal. "Dígale que la separación seguirá en efecto mientras ella no pierda peso."[1] Afortunadamente, Nancy se motiva y comienza una dieta. Logra bajar de peso y Harold puede volver a estar orgulloso de ella nuevamente porque ella ha satisfecho su necesidad masculina de tener una esposa atractiva. Nancy debe sentirse muy segura y feliz de tener a su lado un hombre que se interesa tan profunda e incondicionalmente por ella.

La influencia del mundo debe de haberle causado a Harley olvidarse de que en el matrimonio nos prometemos vivir juntos en las buenas y en las malas.

Más adelante, en el mismo capítulo, Harley sugiere que si una mujer le presta mucha atención a su maquillaje pero no se da cuenta de que se le ha olvidado sacarse la cejas, eso puede resultar desastroso. Él recomienda la cirugía cosmética a aquellas mujeres que tengan arrugas prematuras, aunque eso tenga que repetirse cada ciertos años. Es muy desalentador ver a un "consejero cristiano" sugerir que las "necesida-

---

1 Willard Harley, *His Needs, Her Needs: Building an Affair-Proof Marriage* (Old Tappan, Nueva Jersey: Revell, 1986), pp. 101-2.

des" de un hombre son de más importancia que el mensaje bíblico sobre la belleza. ¡Cuánto ha penetrado el mundo en la iglesia!

Debemos rechazar todas las normas de belleza del mundo, aun las que encontramos en la iglesia. Nadie que valga la pena nos va a querer más porque tengamos un cuerpo perfecto. ¿Estoy realmente convencida de que me amarían más si luciera como una modelo? Lo pecaminoso de la glotonería tal vez sea más el no confiar en el amor de Dios hacia nosotras y el abandonarnos al deseo de ser como las normas que dicta la sociedad para ser alguien bueno e importante.

Eso afecta tanto a las personas delgadas como a las gordas. Las delgadas pueden sentir orgullo por su cuerpo, superiores a aquellas que luchan con los problemas de sobrepeso. También las que piensan que son demasiado delgadas pueden confrontar los mismos remordimientos que aquellas que son gordas. Una mujer escribió que después de reflexionar acerca de tener un cuerpo perfecto y entonces mirarse en el espejo, pensó: *Tengo un cuerpo de mujer. No hay nada malo en la suavidad y las curvas que tengo.*

La gran escritora cristiana Dorothy L. Sayers escribió lo siguiente, en respuesta a aquellos hombres a quienes no les gusta que las mujeres usen pantalones porque no lucen atractivas: "Si los pantalones no los atraen a ustedes, mucho peor, pues por el momento no me interesa atraerlos. Quiero disfrutar de mí misma como ser humano."[1] El mundo nos dice que es de la mayor importancia cómo lucimos ante los hombres. Si hemos aceptado el patrón de belleza femenina del mundo, debemos salir de eso lo más pronto posible. No hay

---

1 Dorothy L. Sayers, *Are Women Human?* (Grand Rapids: Eerdmans, 1971), p. 22.

satisfacción en tener un cuerpo bello; nuestra única satisfacción se encuentra en Dios.

Si podemos comenzar a desprendernos de lo que nos predica la sociedad: "Serás delgada o serás condenada", entonces la comida será sólo comida para nosotras. Cuando estamos lidiando simplemente con comernos o no un trozo de torta de chocolate, y no con un montón de culpabilidad, condenación, o la imagen del cuerpo perfecto que se mofa de nosotras, entonces nuestra propia percepción se vuelve mucho más llevadera. Si seguimos empujándonos a ser físicamente perfectas, debemos hacernos esta pregunta: "¿Por qué? ¿Qué estoy tratando de probar, y a quién?"

Otras formas de glotonería

Hay otras variantes de la glotonería, otras tentaciones a permitir que la comida tome proporciones desmesuradas en nuestra vida. Eso también nos aparta de la perspectiva bíblica en la cual agradecemos a Dios, no sólo por proporcionarnos alimento, sino también por poder regalar un poco a los que no lo tienen.

Algunas veces, como la que prepara la mayoría de la comida en nuestra familia, podemos "necesitar ser necesitadas", de manera que ponemos demasiado énfasis en la comida que ponemos en la mesa. Tal vez estemos horas preparándola y horneándola, haciendo más comida que lo que la familia puede o debe comer. Si me importa muchísimo que la gente piense que soy una cocinera extraordinaria, entonces necesito preguntarme por qué estoy invirtiendo tanto en este aspecto de mi vida.

C. S. Lewis se refiere a otra forma de glotonería en *The Screwtape Letters* [Cartas a Screwtape], donde la glotona "da un pequeño grito ante el plato que le ha servido una camarera agobiada y le dice: '¡Ay, esto es demasiada comida! Llévesela y tráigame la cuarta parte de esto.' " Lewis señala que ella es una víctima de la mentalidad de "lo único que quiero", que es una demanda insaciable del huevo hervido perfecto, o la tostada perfecta, que cree recordar de antes.[1]

También está el tipo de glotonería que se asocia con el comer comida gastronómica, buscando cada vez más comidas exóticas, hongos más caros, restaurantes más extraordinarios. Esa clase de supersofisticación nos tienta a poner demasiado énfasis en la comida, y nos puede conducir a tener un sentido de superioridad. ¿Acaso puede un cristiano con la conciencia tranquila gastar dieciséis dólares en una libra de hongos Shitakane, cuando hay personas en el mundo que se están muriendo de hambre?

Otra forma de glotonería contemporánea es la que yo llamo "la salvación mediante la comida". Somos los custodios de nuestro cuerpo, así que debemos comer comida buena y saludable, pero es posible que llevemos eso a un grado de exageración en que empecemos a creer que si comemos adecuadamente, y le proveemos a nuestra familia una comida adecuada, viviremos para siempre (prácticamente). Nos felicitamos a nosotras mismas por nuestra buena salud o la de nuestra familia, de manera que hemos asumido la responsabilidad de nuestra propia salvación.

Hace diez años, una mujer cristiana llamada Diane tenía cáncer. Muchas personas estaban orando por ella cuando se sometió a una operación. Mediante la influencia de otra pareja cristiana, Bill y Daphne, Diane comenzó una dieta en la que no podía ingerir azúcar refinada. Hablando con Bill y Daphne dos años después del diagnóstico de Diane, mientras comíamos tostadas de pan integral con jalea de fresas, endulzada con miel, les pregunté:

1 C. S. Lewis, *The Screwtape Letters* (Nueva York: Macmillan, 1982), p. 57.

—¿Cómo está Diane?

—Mucho mejor —me respondió Daphne—, gracias a una dieta sin azúcar.

Me quedé atónita. Podía entender que esta mujer me hubiera dicho que no estaban seguros de lo que había mejorado a Diane, fuera la dieta o las oraciones o lo que sea. También podía entender que bajo la presión de ver a una persona sufriendo de una enfermedad que parece incomprensible, el deseo de tener algún control, de hacer algo, debe de ser muy fuerte. Pero que ellos supusieran que, de algún modo, habían sanado a Diane sustituyendo el azúcar por la miel en su dieta, me parecía idolatría. Aunque se supone que seamos custodios responsables de nuestro cuerpo, no podemos tomar la salvación en nuestras propias manos. Eso es ocupar el lugar de Dios, salvando nuestra salud y nuestra vida con la comida.

No me entienda mal. Hay momentos en que para cuidar de nuestro cuerpo adecuadamente es necesario que perdamos peso. Aunque no podemos cuidar totalmente de nuestra propia salud, tenemos que tratar nuestro cuerpo como el templo del Espíritu Santo que es, y no abusar de él. El autodominio es un fruto del espíritu. Hay razones prácticas por las cuales vigilar nuestro peso. En este momento estoy vigilando el ancho de mi cintura, porque no quiero exceder la talla de mi ropa y tener que comprar cosas nuevas. Pero no lo estoy haciendo porque piense que necesito lucir atractiva, porque mi esposo o mis hijos me querrán más, o porque Dios me va a amar más.

Nuestra apariencia puede influirnos de tal manera que se nos olvide lo que es realmente importante. A menudo vemos mujeres que continúan fumando sólo por no subir de peso. Broncearse al sol parece ser importante, aunque es muy peligroso. Los estudios han demostrado que el cuarenta por ciento de las personas que tienen que someterse a cirugía para cáncer de la piel, continúan con los mismos hábitos de broncearse. Las mujeres usan tacones altos aunque eso les dañe los pies y la espalda. Las mujeres tratan con tanto ahínco de lograr la satisfacción mediante su apariencia personal, que pierden de vista lo que las hace realmente valiosas.

Libertad: la historia de Erica

Erica es una persona poco usual. Tiene confianza en sí misma, es jovial, y es una médica de alta calificación. Es amistosa y muy sonriente; tiene el aire de una persona que sabe realmente quién es, y que está feliz. Es cristiana desde hace varios años.

Erica está un poquito pasada de peso, pero quizás su rasgo más sobresaliente es la cara: tiene alrededor de treinta lunares elevadas.

Durante varios años trabajó en un hospital misionero en Uganda. Durante ese tiempo trajeron un día a un hombre de quizás cincuenta años de edad de los distritos retirados, que estaba muy enfermo con malaria. Erica trabajó en él durante algunas semanas y se hicieron amigos, aunque ella no podía hablar su dialecto en particular. Cuando llegó el gran día en que estaba lo suficientemente recuperado para irse a la casa, su familia llegó para recogerlo. Su hermano hablaba suaheli así como su dialecto nativo y pudo servir de traductor.

— Él dice que quiere darle las gracias — dijo el hermano traduciendo las palabras del anciano —. Y dice también que se siente muy apenado por lo de su cara.

— ¿Mi cara? — le preguntó Erica en suaheli.

El viejo habló de nuevo y el hermano volvió a traducir.

— Sus lunares. Dice que siente mucho que sean tan feos.

— Dígale que no se preocupe — le dijo Erica —. En mi país los consideran como un signo de belleza.

En el verdadero país de Erica, que es el cielo, su cara es

de veras de una gran belleza, puesto que ella está tan dedicada al Señor y sabe con certeza que Dios la ama. Esa es la verdadera libertad.

CAPÍTULO 6

Llenando nuestra vida de cosas materiales

Cuando tenía veintidós años, mi esposo y yo nos mudamos a El Cabo en África del Sur. Ernie era un hombre de veintinueve años con un doctorado en genética, aparte de su entrenamiento en el seminario, y tenía mucha confianza en sí mismo. Diez días después de nuestra llegada fue ordenado ministro para trabajar en la iglesia anglicana de El Cabo. Comenzó a hacer las visitas, las reuniones y las predicaciones que constituían su trabajo.

Yo experimenté un choque cultural. Habíamos estado viviendo en un apartamento de un dormitorio en Bellingham, Washington; ahora tenía una rectoría con cinco dormitorios para amueblar. Tuve que aprender a manejar nuestro pequeño Volkswagen en el lado contrario, así como tratar de hallar cuáles eran los equivalentes de los productos norteamericanos en el supermercado. Descubrí que había diferencias en el vocabulario del inglés norteamericano y el sudafricano.

Me sentí apabullada, así que empleé el tiempo en hacer lo que sabía que podía hacer bien. Hacía mi propio cereal, mantequilla de maní y pan. Cuando nació Andrew, le hacía su comida en la licuadora, le decoré su cuarto y le hice pantaloncitos adornados con motivos de parches en el frente. Con el modesto salario de un clérigo, yo hacía mis propios cojines, adornos acolchados para colgar de las paredes, cortinas y pantallas para las lámparas. En Navidad, me las agencié para conseguir ejemplares de las revistas norteamericanas para mujeres. Quería que mis hijos tuvieran gratos y mágicos recuerdos de las navidades, de manera que me puse a hacer artesanías como patines de hielo de fieltro, muñecas de adorno con encaje de aplicación, guirnaldas bordadas a punto de cruz, y pequeñas cunas hechas de cáscara de nuez. Hice una casita de pan de jengibre, guirnaldas a base de trabajos de parches y otros regalos navideños como alfileteros, cajas adornadas para pañuelos de papel, bolsitas, no sólo para la familia y los amigos, sino para toda la gente que venía a cenar con nosotros la noche de Navidad. Estaba muy, muy ocupada, pero nunca me detuve a preguntarme si estaba usando mi tiempo y mi talento de manera responsable.

Lo que es importante en nuestra vida queda relegado por las cosas que nos mantienen ocupados frenéticamente. A eso se le llama "la tiranía de lo urgente". He oído a predicadores y a expertos en manejo del tiempo hablar sobre eso; ellos recomiendan que se examine lo urgente con mucho cuidado, de manera que sea eliminado y se pueda llevar a cabo lo que es realmente importante. ¿Qué esperan ellos que hagamos las mujeres? ¿Que abandonemos a los niños en las clases de música? ¿Que cocinemos en una casa donde no hay víveres? ¿Que permitamos que los miembros de la familia usen medias que no están pareadas? Tanto el predicador como el experto en manejo del tiempo no pensaron en las mujeres cuando se expresaron de ésta forma. La vida de las mujeres ha estado siempre llena de una actividad frenética, de manera que la mayoría de nosotras no conoce otra manera de vivir.

¿Qué pensamos sobre la pereza? Que es holgazanería, generalmente. La Biblia habla un poco sobre eso, sobre todo en Proverbios y Eclesiastés, donde les dice a los perezosos que se levanten y hagan como las hormigas. "Ve a la hormiga, oh perezoso, mira sus caminos, y sé sabio" (Proverbios 6:6). Algunas personas son perezosas: les gusta quedarse sentadas, con los pies elevados, y mirar la tele. Pero la mayoría de nosotras ha sido tan afectada por la ética protestante del trabajo, que padecemos más de una actividad frenética que de poca actividad. Quedarse sentada durante horas no es ni siquiera una tentación para la mayoría de las mujeres que conozco; no hay ni el tiempo para considerarlo siquiera.

Originalmente la palabra *pereza* significaba "letargo espiritual". Casi siempre implicaba que la persona era haragana en cuanto al crecimiento espiritual. El Nuevo Testamento se concentra en la pereza espiritual. Jesús les dijo a sus seguidores: "Trabajad, no por la comida que perece, sino por la comida que a vida eterna permanece, la cual el Hijo del Hombre os dará" (Juan 6:27). A los cristianos se les aconseja que "no se hagan perezosos" sino "imitadores de aquellos que por la fe y la paciencia heredan las promesas" (Hebreos 6:12). Cuando no me tomo la molestia de pasar algún tiempo con Dios o no me intereso por mi relación con Dios, cuando permito que otras cosas sean prioridades antes que mi relación con Dios, entonces me está tentando la pereza. Estoy reemplazando a Dios con mi actividad frenética.

Tentadas por la pereza, también somos tentadas a olvidarnos de que nuestro tiempo y nuestros talentos son regalos de Dios que han de usarse para Él. Comenzamos a creernos que el tiempo es nuestro para desperdiciarlo o llenarlo a nuestra discreción. Se nos olvidan las palabras de Pablo: " . . . no sois vuestros . . . porque habéis sido comprados por precio" (1 Corintios 6:19-20). El amo le dijo al esclavo que había enterrado su talento:

figura son muy importantes. Estos son mensajes generales, pero a las mujeres se les ha dicho a menudo que su tiempo no es tan valioso como el de los hombres, y hemos llegado a creernos éste mensaje de la sociedad.

Devaluadas

Los medios de comunicación siempre dan la imagen de que el tiempo de la mujer es menos importante que el del hombre. Las grandes hazañas de la mujer están casi siempre relacionadas con cosas como ventanas muy limpias. La sociedad en conjunto premia mucho menos a la mujer en los centros de trabajo que a los hombres. Se percibe el tiempo de un hombre como más valioso. Y si no, ¿por qué las mujeres ganan un promedio de sesenta y siete centavos por cada dólar que gana un hombre que desempeña el mismo trabajo?

Conozco a algunos hombres que son amos de casa. Ellos me cuentan que muchas personas les preguntan: "¿Cuándo vas a hacer un trabajo real?", o bien: "¿No extrañas tener un trabajo real?" Antes se les decía a las mujeres: "Ah, ¿sólo eres ama de casa?" Ya eso no lo dice casi nadie, pero si alguna persona va a quedarse en casa con los niños, debe ser la mujer, porque su tiempo es menos valioso que el del esposo.

El trabajo tradicional de una mujer, el de ama de casa, lo considera nuestra cultura como sin importancia. Criar a los hijos desde el punto de vista del mundo no es realmente crucial; no aporta ningún botín, de manera que ¿cómo podría considerarse como algo estratégico? (Al Congreso de los Estados Unidos le resulta difícil aprobar cualquier plan de licencia materna, lo cual implica que el que los padres cuiden de sus hijos en los primeros meses de vida sería una terrible pérdida de tiempo y de dinero.)

La iglesia es a menudo afectada por el mensaje del mundo. Aun dentro de la iglesia, se les ha alentado a las podría aprender su "estación de color" . . . y eso no es todo. Si sigue leyendo más abajo, va a ver algunos ministerios que son importantes: cuidar los niños en la guardería y enseñar en la escuela dominical (por lo menos hasta que los niños alcancen cierta edad). También podría ayudar a servir comida para los desamparados y orar por los misioneros.

Algunas actividades triviales y algunas importantes estarían disponibles para usted como mujer. ¿Qué diferente sería si se tratara de hombres? Si usted fuera hombre podría asistir a un desayuno de oración y oír a un conferenciante hablar sobre la "Teología de Pablo del juicio". Podría pararse al frente y leer una lección o guiar las oraciones. Hay pocas oportunidades para servir o para trabajar con los niños. No hay oportunidades para que los hombres aprendan su estación de color o a hacer adornos navideños. Como mujer, aunque haya ido a esta iglesia sólo una vez, se le ha dicho que se da por sentado que su tiempo es menos valioso que el de los hombres.

Tanto el mundo como el mundo en la iglesia nos han comunicado un mensaje bien claro: el tiempo de la mujer vale menos. Satanás está obviamente alegre si puede alentar a más de la mitad de los miembros de la iglesia a gastar su tiempo frenéticamente en cosas triviales.

El apremio de la servidumbre

Sally era la esposa de un párroco en Inglaterra. El estudio de su esposo estaba en la misma casa de ellos, así que a menudo ella le ofrecía una taza de té y galletas a la persona que estuviera esperando ver a su esposo. A ella le resultaba difícil concentrarse en escribir o en leer porque era interrumpida constantemente. Así y todo, ella había leído sobre cómo ser una sierva de Dios, y llevaba a cabo muy bien la práctica de su servidumbre.

Un día su esposo llegó apurado, pidió algo para cenar

y corrió a su estudio a terminar de preparar un discurso que tenía que dar esa noche. Entonces Sally pensó:

¿Cómo sería si Nigel pasara cada hora que está despierto haciendo tazas de té para las personas? ¿Entonces sería un servidor como Cristo? No lo creo. Se consideraría que estaba desperdiciando su tiempo y sus talentos. Quizás yo esté desperdiciando mis talentos. Sally se dio cuenta de que ella misma consideraba su tiempo menos valioso que el de su esposo. Se dio cuenta también de que creyéndose eso estaba aceptando el criterio del mundo de lo que es importante.

Sally confrontó a su esposo. Nigel se dio cuenta de que había estado aprovechándose del deseo de ella de servir, y de que como resultado de eso ella nunca había encontrado un ministerio propio. Ahora Sally tiene un ministerio de consejería maravilloso, donde su habilidad de escuchar y de cuidar de los demás se están usando realmente.

La servidumbre consiste en encontrar nuestros talentos y ofrecerlos en beneficio del cuerpo de Cristo.

A veces las mujeres hemos permitido que el llamado a servir nos haya disculpado de usar los dones que nos ha dado Dios. Hemos asociado el servir con llevar a cabo las tareas vulgares. Sally, con sus numerosas tazas de té para los parroquianos, se dio cuenta de que actuando como ella pensaba que debía actuar una sierva, estaba realmente siendo irresponsable con su esposo y consigo misma.

Roberta Hestenes, presidenta del Eastern Baptist College, también ha experimentado el dilema de la servidumbre:

> *Como mujer, he luchado con toda esa imagen, porque es difícil ser una sierva cuando todo el mundo espera que uno lo sea. Estaba en una reunión donde había alrededor de cincuen-*

ta hombres, y creo que había dos mujeres en el salón. Yo estaba a cargo de una de las partes de la reunión, pero sólo otras dos personas lo sabían. Al abrir la sesión se dijo esto: "Necesitamos que alguien tome notas." Es fascinante ver que todo el mundo vuelve los ojos hacia las mujeres . . . A veces tenemos que decir que no ante determinadas circunstancias. Pero siempre somos llamadas a servir, no porque lo merezcan las personas a quienes servimos, sino porque lo merece Jesucristo.[1]

A veces las mujeres sirven no porque "Cristo lo merezca", sino porque ellas necesitan sentirse necesitadas. Es algo esencial en ellas para poderse sentir bien.

— Mamá, tráeme agua — le dice un niño de nueve años a su mamá durante una comida en la iglesia —. Mamá, quiero agua.

— ¿No crees que podrías servirte el agua tú mismo? — le pregunté.

— Ah sí, pero ella me la va a dar — me dijo.

Efectivamente, ella entra y le da agua. Él me da una sonrisa y guiña.

Hubo una época en que este niño necesitaba que la mamá le diera agua; pero a menudo las mujeres continuamos haciendo lo que ya no es necesario que hagamos, sólo porque necesitamos sentirnos necesitadas. Esta forma de dar tiene una sombra oscura: la sombra de la necesidad de la mujer por sentir que es digna. Tal vez nos encontremos dando a raíz de nuestra propia sed

---

1 Roberta Hestenes, "Scripture and the Ministry of Women within the Church Community", en *Women and the Ministries of Christ*, ed. por Roberta Hestenes y Lois Curley (Pasadena, California: Fuller Theological Seminary, 1979), p. 64.

afectiva. Cuando una mujer arregla el cuarto de sus hijos cuando ellos mismos podrían hacerlo, los lleva de vuelta a la escuela a recoger la tarea que olvidaron, o le alcanza el vaso de agua al niño de nueve años, entonces necesita preguntarse por qué lo está haciendo.

Quizás estemos aceptando lo que el mundo plantea sobre el valor del tiempo de las mujeres. Quizás no estemos seguras de nosotras mismas y tengamos una baja autoestima, de manera que se nos hace muy difícil decir que no. Si nos estamos tomando una taza de té en un restaurante y el camarero nos pregunta si queremos ordenar algo más, a veces sentimos que debemos hacerlo. O nos cae mal tener que contrariar a una amiga en una fiesta de *Tupperware.* O si alguien nos llama y nos pide que demos la clase de la escuela dominical, no nos detenemos a pesar nuestro tiempo y nuestras habilidades; pensamos que debemos decir que sí. Por supuesto que así nuestro tiempo se repletará de cosas por hacer.

Cuando reflexiono acerca de los años que viví en El Cabo, tengo sentimientos encontrados. Fue algo maravilloso poderme dedicar totalmente al cuidado de los niños. Pero cuando pienso en todas las horas que pasé horneando y cosiendo, pienso que fue una gran pérdida. Y no es que piense que hornear y coser son cosas fútiles; aún lo sigo haciendo. Pero me doy cuenta de que la única razón por la que alguien desempeñaría estas actividades de todo corazón, como lo hice yo, sería para probar algo. Yo en realidad quería probar algo.

Para mí (y para muchas mujeres) decirle que sí a todo el mundo, cocinar, hornear, coser, hacer innumerables tazas de té, se ha vuelto una forma de ganar aprobación. Si yo amamantaba perfectamente a mis hijos, horneaba un pan que quedara perfecto, podía hacer comidas ideales de cinco platos, cosía la ropa de mi familia, hacía regalos para todo el que me pasara por delante, y decoraba mi casa de manera que pareciera una fotografía de la revista *Better Homes and Gardens*, entonces yo era una buena persona.

Por supuesto que eso no funcionó, porque lo trivial no satisface, y me sentía cada vez peor en cuanto a lo que tenía para ofrecer. Perdí el sentido de tener talento para nada, o habilidad para cambiar nada (no puedo hacer nada realmente por el apartheid, o por los desamparados sin casa, o por el programa de comidas para ellos, puesto que estoy muy ocupada haciendo alfileteros). Pensé que me estaba portando de una manera muy desinteresada (lo cual era algo bueno): "Aquí tienes algo que te hice; es un alfiletero, y el modelo lo tomé de uno antiguo que vi en Matjiesfontein. Es de un pedazo de Liberty Lawn que tenía; me alegro mucho de que te guste." Todo eso lo hacía para sentirme edificada, para sentirme bien, para alentar a la gente a decir: "Esa Mary Ellen es tremenda con la costura; y qué mamá tan buena."

Nuestra vida generalmente gira alrededor del hogar y la familia, la comida, los viajes a la escuela y la ropa. El ser ama de casa puede ser algo muy hermoso, si usamos nuestros dones para hacer del hogar un lugar acogedor. Sin embargo, tenemos que pensar con mucho cuidado antes de darle a esta actividad el tipo de bendición que por lo general ha recibido en la clase media de los Estados Unidos. Yo sé de una mujer que no podía salir de su casa hasta que la dejara impecablemente limpia. No podía reunirse conmigo hasta que los quemadores de la estufa estuvieran limpios; se sentía mal si dejaba las cosas en desorden. Decorar puede ser una actividad que consuma nuestro tiempo y nuestro dinero, puesto que nos ponemos a mirar las revistas, a visitar las tiendas de decoración, a hacer cojines y a empapelar las paredes. En ninguna parte del Nuevo Testamento encontramos tanto énfasis en el cuidado del hogar.

Escogí el modo en que usaría mi tiempo en África del Sur. Perdí oportunidades de establecer relaciones profundas, de acercarme a los pobres y los oprimidos, de desarrollar mis dones, de dedicar tiempo a Dios. No tenía tiempo para hacer silencio, para profundizar mis raíces de espiritualidad, para tratar de alcanzar a Dios. No podía hacer ninguna inversión en lo que no se veía, tal era mi necesidad de aprobación.

¿Qué es lo realmente importante?

Una mujer muy conocida como líder y maestra, me contó de un momento decisivo en su vida:

> *Yo tenía un bebé de menos de un mes de nacido, y me sentía muy cansada. Fui a un retiro de mujeres y tuve que llevar al bebé conmigo. Me hallaba espiritualmente hambrienta, pues mi padre había muerto y eso había sido algo difícil. Necesitaba desesperadamente escuchar a esta oradora, y el bebé comenzó a llorar. Tuve que abandonar el salón en sollozos, porque tenía una gran necesidad espiritual. La esposa del pastor abandonó el grupo y vino a cargar el bebé (sólo recordarlo me hace llorar). Me dijo: "Vete adentro para que escuches", y esta ayuda cambió mi vida.*
>
> *Aunque fue un gesto muy pequeño . . . ella no lo sabe, pero su deseo de tomar el bebé de mis manos y atenderlo (que es hoy mi hijo adulto y guapo) de manera de que yo pudiera escuchar la enseñanza de la oradora sobre las Escrituras, fue un regalo que cambió mi vida.*

Esta mujer se dio cuenta de que tanto la oradora (que era una mujer de Dios, muy competente y atractiva), como la esposa del pastor (que hizo algo muy propio de las mujeres), ayudaron de igual manera a que ella resolviera su necesidad espiritual y se dirigiera hacia el liderazgo cristiano.[1]

Cuando creemos en los planteamientos del mundo, pensamos que el tiempo de algunas personas es más valioso que el de otras. Los políticos tienen un modo de saludar donde nos miran a la cara con un ojo, y con el otro nos miran por encima del hombro, para ver si hay otro más importante (más rico, poderoso, o inteligente) detrás de nosotros.

Jesús le dedicó toda su atención a cada persona, reconociendo a cada uno como alguien valioso. Era conocido por dedicarles tiempo a los marginados: cobradores de impuestos, mujeres de reputación dudosa, pobres. Jesús no se dejaba deslumbrar por la apariencia exterior de los que conocía, fueran santos o no. Especialmente en nuestra cultura, miramos lo externo. Las personas son importantes porque las hemos visto en la televisión, porque son ricas y viven en vecindarios fabulosos, porque son bellas y modelan para una revista, o porque están en la cumbre de una corporación o la política. Dios nos ve como igualmente importantes, ya sea que seamos el vice presidente de una corporación multinacional, una estrella de cine famosa, una ama de casa, o un conserje. Nuestro tiempo es un regalo de Dios que debemos usar para Él con el mayor cuidado posible. Eso incluye orar, ponernos la mente de Cristo a través del estudio, así como hacer otras cosas para las cuales Él nos ha llamado.

El mundo quiere ver éxito. Las prioridades de Dios no deben ser tan atractivas. En nuestro esfuerzo por vivir una vida estratégica para Dios, no podemos

---

1 Roberta Hestenes, entrevista personal, abril 1989.

aceptar las indicaciones del mundo que nos aseguran que sólo los ricos, hermosos, poderosos y los que han estudiado, son importantes. Hay que pensar en la estrategia de Dios que permitió que Jesús naciera en un pesebre, viviera con los pobres y tocara la vida de los débiles.

Henri Nouwen, un erudito y escritor católico, nos cuenta sus experiencias en las comunidades de L'Arche de Jean Vanier, donde algunas personas consideradas normales se entregan a cuidar a enfermos mentales. Nouwen sugiere que debemos estar abiertos a "emplear nuestro tiempo con Dios y con la gente pobre de Dios".[1]

La mentalidad de Marta

Me puedo imaginar en Betania una mañana. Yo soy Marta, y mi hermana María y yo hemos oído decir que Jesús llegará pronto.

— María, saca rápido los camarones del congelador, pues creo que voy a hacer una paella; a todo el mundo le gustó cuando la hice el otro día. Pero tengo que comprar algunos pimientos; quizás tenga algunos en el refrigerador. ¿Y dónde está el azafrán? ¡Ay no! Ahora tocan a la puerta. María, ¿puedes abrirla tú?

— Hola, Jesús, pasa y siéntete como en tu casa. Estoy preparando algo de almuerzo. ¿Quieres ponche? Sólo me tomará un minuto hacerlo.

"Muy bien, los limones para el ponche hay que ponerlos en la licuadora con el hielo . . . Esto debe de ser muy refrescante . . . quisiera tener algún aperitivo; tengo queso Brie y algunos bocaditos . . . perfecto. Llevaré el ponche y después los entremeses . . . pero primero déjame poner a hervir el arroz para la paella. ¿Y qué hubo con el postre? ¡Ay no! Se me acabó el

---

1 Nouwen, *Lifesigns, p. 49.*

helado y creo que Lázaro se comió lo que quedaba de la torta. Pero el postre de limón se hace rápido y en un día tan caluroso sería algo perfecto . . . ¿dónde está la receta . . . ? Pero déjame llevar el ponche.

— Ponche para los dos . . . traeré el aperitivo en un minuto . . . que les aprovechen.

"Muy bien, los bocaditos y el queso Brie con las galletitas en la orilla del plato . . . María está sentada al lado de Jesús, escuchándolo como si tuviera todo el tiempo del mundo . . . y yo aquí como una esclava . . . por eso ella tiene todo el tiempo que quiere. Espero que Jesús se dé cuenta de que soy yo la que estoy sirviendo. A mamá le hubiera gustado . . . me hubiera dicho: 'Buena labor, Marta; tienes que alimentarlos bien para que sigan contentos'; eso es lo que me hubiera dicho. María podría por lo menos hacer el postre. ¿Dónde está la mantequilla? Tengo que exprimir tres limones . . . ¿por qué tengo yo que hacer todo el trabajo mientras ella se queda ahí sentada? Ya me está entrando calor. No podremos comer antes de una hora. Mejor les llevo esto.

"Aquí tienen algo para que vayan picando. Ah, por nada. Pero Señor, ¿no te importa que mi hermana me ha dejado hacer todo el trabajo sola? ¡Dile que me ayude!

— Marta, Marta, afanada y turbada estás con muchas cosas. Pero sólo una cosa es necesaria; y María ha escogido la buena parte, la cual no le será quitada (Lucas 10:38-42).

¿Cómo se sintió Marta cuando Jesús le dijo eso? ¿Cómo nos sentiríamos nosotras si Jesús nos desafiara a detener nuestra actividad frenética para escucharlo? Pienso que a Marta le debe de haber llevado meses aceptar que todas sus actividades frenéticas tan "buenas", su énfasis en la comida y en el hogar, no eran verdaderamente importantes.

Marta se pudiera haber preguntado (como debemos

preguntarnos nosotras) por qué ella estaba poniendo tanto tiempo en tales actividades. Muchas mujeres piensan que no tienen más remedio que hacerlo, que son víctimas en la vida. Muchos padres y madres solteras que tienen que trabajar, no tienen otras opciones. Pero debemos dejar de ser víctimas de lo urgente y reflexionar sobre el modo en que estamos viviendo.

Quizás Marta se puso a analizar su vida y se dio cuenta de que estaba gastando demasiado tiempo en hacer comidas exóticas y en decorar la casa. Si nos fijamos bien en qué estamos gastando el tiempo, a veces nos sorprendemos. Quizás nos demos cuenta de que llevar a los niños a la práctica de hockey nos toma diez horas a la semana; quizás debemos cortar eso un poco. Tal vez descubramos que miramos la televisión más tiempo de lo que pensábamos. Las estadísticas muestran que las personas subestiman el tiempo que pasan frente al televisor y sobreestiman el tiempo que les dedican a sus hijos.

Marta no hubiera sido capaz de tomar lo que yo considero el mejor examen de "actividad frenética":

¿Cómo te sientes el 20 de diciembre?

☐ *Frenética:* tratando desesperadamente de terminar de comprar los regalos de Navidad, envolviéndolos, así como terminar de hacer dulces y casitas de pan de jengibre.

☐ *Ocupada:* conciertos de Navidad en las escuelas de los niños, cultos y recoger aún algunos paquetes.

☐ *Totalmente reposada:* ya todo está prácticamente listo.

Aunque muy pocas de nosotras alcanza la actitud de estar totalmente reposada, nuestro nivel de actividad alrededor de la Navidad nos puede indicar cuánto hemos sido despistadas por la pereza, cuánto hemos llenado nuestra vida con cosas triviales. Casi no podemos apreciar el significado de Dios en la historia, porque hemos cambiado nuestra paz y perspectiva por el concepto del mundo sobre cómo las personas tienen que *hacer* que suceda la Navidad.

Me pregunto si después que Jesús habló con Marta, ella también analizó sus talentos. La Biblia enseña claramente que el modo en que empleemos nuestro tiempo y talentos será juzgado (1 Corintios 3:10-15). Me imagino de pie ante Dios en el día del juicio final, moviendo los pies nerviosamente:

— Bueno, Señor, tienes toda la razón al decir que no usé mis dones de enseñar, pero hice unos agarradores de cazuelas muy hermosos . . . ¿es que eso no te interesa? Mi casa estaba inmaculada . . . parecía sacada de la revista *Better Homes and Gardens* . . . creo que tengo unas fotos aquí . . . ah, ¿no es eso lo que tenías en mente? Pero yo de seguro tuve la impresión de que los líderes de la iglesia me estaban indicando que eso era lo que debía hacer . . . ah, ¿vas a encargarte de *ellos* por separado? Ya veo.

Podemos estar seguros de que Marta trató de estar algún tiempo con Jesús, que ella le escuchó del mismo modo que había visto a su hermana hacerlo. Podemos estar seguros de que cuando establecemos las prioridades de Dios en nuestra vida, una prioridad verdadera será tener un tiempo para hacer crecer nuestra relación con Dios.

Encuentro que establecer un día de retiro en silencio cada mes es absolutamente esencial. (El libro de Joyce Hugget *The Joy of Listening to God* [El gozo de escuchar a Dios] es de mucha ayuda para establecer éste hábito.[1]) Aparte de orar y leer la Biblia, me tomo el

1 Joyce Huggett, *The Joy of Listening to God* (Downers Grove, Illinois: InterVarsity Press, 1986).

tiempo de ver cómo están funcionando las prioridades en mi vida. Si mi familia es importante para mí pero no le he estado dedicando mucho tiempo, tengo que cambiar eso. Cuando invertimos tiempo con Dios, nos empezamos a sentir más llenas de Él. Vemos con mayor claridad lo que Él quiere que hagamos con nuestro tiempo y nuestro talento. Eso nos facilita la tarea de establecer las prioridades y de decir que no cuando sea necesario.

Debemos depender de Dios. El mundo le dio un mal consejo a Marta al decir: "Prepara buenas comidas para tus invitados; no hay tiempo para escuchar a Jesús." El mundo nos dará muy malos consejos: "Haz cosas cien por ciento de mujeres todo el tiempo", o bien: "Nunca hagas cosas de mujeres; son cosas inútiles." Debemos escuchar a Dios.

Tenga un tiempo de reposo en silencio y lea la historia de Marta y María bien despacio (Lucas 10:38-42); considere qué le diría Jesucristo a usted. Después que reflexione acerca de la historia, ponga su nombre en las palabras de Jesús: "______________, afanada y turbada estás con muchas cosas. Pero sólo una cosa es necesaria." Dígale a Dios que usted quiere dedicar el tiempo para lo que es realmente importante.

CAPÍTULO 7

Dejando que la ira nos consuma

Ann y su esposo son miembros activos de una organización que ayuda a los ancianos que no podían salir de su casa en la parte rural de Wisconsin. La organización trajo a un orador invitado durante un fin de semana. Después de toda la agitación de preparar las comidas y las reuniones, Ann planeó que iba a llevar al orador al aeropuerto de Madison y de paso visitaría a una amiga. Justo antes de salir, su esposo le dijo que había estado hablando con el conferenciante y que entre los dos habían decidido que ella estaba demasiado cansada para hacer ese viaje, que se debía quedar en la casa para descansar y que ellos buscarían quién lo llevara al aeropuerto.

Ann se puso furiosa, pero al mismo tiempo era incapaz de dirigir su ira. No podía estar molesta con el conferenciante que estaba en una posición de autoridad. Habría sido algo atemorizante si se hubiera molestado con su esposo, porque la ira no cabía dentro de las categorías de emociones que tenía Ann como "buenas" dentro de la perspectiva cristiana, o que una buena esposa debía sentir hacia su esposo.

Entonces ella volcó su ira sobre las personas del pueblo que debían haber ido a las reuniones y no lo hicieron, pues no habían ido muchas personas durante el fin de semana. Después de todo lo que se había trabajado, ¿cómo habían podido dejarla plantada de esa manera?

Todos nos enfadaremos alguna vez. Los demás nos tratarán de una manera que nos hará enfadarnos; nuestros hijos, padres o amigos serán tratados de una manera que nos enfadará; los políticos y los problemas del mundo nos harán sentirnos enfadados. La Biblia ve la ira como parte de la vida. Pablo les escribió a los cristianos de Éfeso: "Airaos, pero no pequéis; no se ponga el sol sobre vuestro enojo" (Efesios 4:26).

La ira no es una tentación, pero nos puede llevar a tres tentaciones muy dañinas. La primera es no reconocer nuestra ira y lidiar con ella. La segunda es la tentación de hacer o decir algo que luego nos pueda pesar. La tercera es alimentar nuestra ira, de manera que se convierta en odio y amargura.

La indignación justa

Muchas personas me comentan (incluso personas que creo que conozco muy bien) lo apacible que soy. Una vez, mientras secábamos unas tazas de té en la cocina de la iglesia, una mujer me dijo: "Señora Ashcroft, usted tiene un comportamiento muy dulce y santo." Comentarios como éste me molestan, no porque yo sea humilde, sino porque no me siento apacible de ninguna manera. Mis emociones rugen dentro de mí, especialmente la ira. Durante muchos años no sabía qué hacer con mi ira.

A veces mi indignación era por algo justo, y vivir en África del Sur puede provocar mucho de eso. Una vez, el gobierno sudafricano mandó unos bulldozers a los asentamientos para allanar las chozas de la gente, y pude ver las legiones de personas con el desespero en sus rostros, los ojos vacíos, desorientados, con una expresión casi de mareo. Estaba tan furiosa que hice una calcomanía para poner en el parachoques de mi auto que decía: "Los del gobierno sudafricano son los extranjeros ilegales. ¡Sáquenlos de aquí!", y lo pegué en nuestro Volkswagen.

Dos días después, cuando dejaba a mis hijos en la escuela, se me acercó una mujer y me dijo: "Aunque estoy de acuerdo con sus sentimientos, quiero advertirle de que alguien va a poner una bomba debajo de su auto." Quité el letrero. Me sentí furiosa, pero me di cuenta de que proclamar mi ira no valía la pena si ponía en peligro la vida de mis hijos .

La indignación no tan justa

Mi amiga la psicóloga me dice que la mayoría de las mujeres que ella ve están enojadas, aunque a veces les toma meses de terapia darse cuenta. Tal vez estén furiosas porque se sienten devaluadas por su esposo o su familia, pero saben que una buena esposa no debe de sentirse enojada. Tal vez estén enojadas con Dios: Dios las ha decepcionado no respondiendo a sus profundos deseos de tener un hombre que complemente su vida. Pero no, no pueden enfadarse con Dios; las mujeres buenas no se enfadan, especialmente con Dios. Muchas veces reprimimos nuestra ira, y luego se manifiesta en forma de depresión o de amargura. Eso lo he experimentado en mi vida.

Un domingo por la tarde, tenía a Andrew en cama y me senté para amamantar a Stephen. Acababa de abrir un libro cuando sonó el teléfono. De pronto, me sentí violada. ¿Por qué tenía que soportar decenas de llamadas a diario, sólo porque fuera la esposa de un ministro? ¿Por qué tenía que ser amable con los vagabundos que tocaban a la puerta oliendo a alcohol y exigiendo dinero para comprar pasajes de tren? ¿O por qué tenía que darle una taza de té a cada mujer que venía llorando porque el esposo la había abandonado, o tenía que tener la casa siempre impecable para cuando vinieran los parroquianos? Tomé el teléfono, lo levanté y lo tiré escaleras abajo. Hizo unos ruidos por un minuto hasta que quedó sin corriente. Un poco más tarde esa noche me tuve que reír del incidente del teléfono con unas amigas. La historia del teléfono circuló por toda la iglesia y sorprendió a todo el mundo. Nunca pude saber con certeza si lo que les pasaba fue que les costaba relacionar el incidente con la esposa del pastor que ellos conocían, o si les resultaba demasiado sorprendente que una mujer tirara el teléfono por las escaleras. Lo que sí me parece muy extraño ahora es que nunca me detuve a preguntarme por qué lo hice. Lo hice y me sentí bien después de hacerlo, y punto. La verdadera razón de ese enojo, que era la punta del iceberg, salió a luz sólo siete u ocho años después.

Las mujeres y la ira

Se les enseña a las mujeres desde niñas a no pelear o enojarse. Estudios sobre los juegos de niños muestran que los varones compiten (tanto física como verbalmente) y pelean. Las niñas tienden a jugar de manera cooperativa; tratan con ahínco de resolver las diferencias. El compromiso es la clave del juego de las niñas. "Muy bien, tú puedes ser la princesa esta vez, pero a la próxima cambiamos, ¿de acuerdo?"

Las mujeres también crecen manteniendo las relaciones a casi cualquier precio; una mujer transige, protege el ego masculino, trata de calmar las pasiones, tranquiliza las emociones de manera que todo el mundo se lleve bien. La mayoría de las mujeres recuerdan una abuela o una mamá diciendo: "Ahora bien, queridas, tratemos de llevarnos bien . . . no hablemos de eso ahora, porque tal vez él se contraríe." Tratamos desesperadamente de no buscar problemas. Nuestra sociedad le da nombres a las mujeres que buscan pleitos, las que se enojan, y esos nombres no se usan en público. ¿Con cuánta frecuencia nos disculpamos por algo que no es culpa nuestra, sólo para que todo el mundo siga contento?

Es muy usual que tengamos en nuestra mente dos imágenes de la mujer: la mamá amable y la arpía regañona. La mamá amable calma las pasiones y siempre está dispuesta a ceder para el beneficio de otros. Nunca se sienta a la mesa con los demás hasta que la cena ya va por la mitad, porque se tiene que asegurar primero de que todos están contentos. Trata constantemente de aquietar la ira de otros de manera que nadie se sienta herido. Nadie se la puede imaginar enojada. La arpía siempre es alguien desagradable e insatisfecha. Su ira arruina la paz y la felicidad del hogar.

Es porque tenemos esas dos imágenes en nuestra mente, que no tenemos un modelo de una mujer buena que se enoje. Pensamos que nuestras opciones son "no enojarnos" o "tener enojo destructivo".[1] Puesto que las relaciones son algo muy importante para las mujeres y la ira parece ser algo con un potencial tan destructivo, la tememos.

Eso es válido para las mujeres en general, así que ¿cuánto más válido es para las mujeres cristianas? La ira parece estar a muchos kilómetros de distancia del ideal sumiso y humilde que se requiere de la mujer cristiana. Una famosa serie de discursos para cristianos define la ira de la siguiente manera: "No ceder mis derechos a Dios." Esta definición no ayuda en nada a resolver los problemas de la ira, sino que los complica con el sentimiento de culpabilidad.

Negar nuestra ira puede *parecer* alejarnos de la tentación, pero en realidad, al no reconocerla, lo que hacemos es prepararnos para el pecado. La ira negada no

---

1 Louise Eichenbaum y Susie Orbach, *Between Women* (Nueva York: Viking, 1988), p. 135.

desaparece. Mi amiga la psicóloga me cuenta que hay mujeres que llegan a su consulta diciendo cosas como: "Él me hiere mis sentimientos" o "Me pongo tan disgustada y deprimida cuando él . . . "Estas mujeres no reconocen su ira, así que se presenta en la forma pasiva (y más aceptable) de la depresión. Cuando reprimimos nuestra ira, complicamos el asunto y nuestros problemas se hacen mayores. En lugar de eso, necesitamos analizarla, reconocer qué nos está diciendo y encontrar una vía saludable de lidiar con ella de tal manera que no se convierta en pecado.

Parte del reconocimiento de nuestra ira consiste en descubrir por qué estamos realmente enfadados, dice Harriet Lerner en su libro tan provechoso *The Dance of Anger* [La danza de la ira].[1] Yo no estaba realmente enojada con el teléfono aquella tarde en la rectoría cuando lo tiré por las escaleras. Ni siquiera estaba enojada con las demandas que se me planteaban; tuve que analizarme más profundamente para encontrar las raíces de mi ira.

Hace tres años descubrí realmente la causa de mi enojo. Estaba enseñando y estudiando mientras que los niños se pasaban en la escuela la mayor parte del día. Parecía que África del Sur estaba muy lejos en el tiempo, aunque nos habíamos mudado de El Cabo hacía sólo cinco años. Comencé a trabajar en un cuento corto sobre una cena de Navidad en El Cabo. Describí la tradicional cena de Navidad inglesa que preparé (al calor del verano africano) y los invitados (en su mayoría expatriados blancos británicos). Cuando el único invitado negro llegó, seguido de algunos de sus inesperados amigos, me enfrenté a un dilema: ¿Desconcertaría la fiesta ha-

---

1 Harriet Goldhor Lerner, *The Dance of Anger* (Nueva York: Harper & Row, 1985), pp. 1-2,9.

ciendo una cena de Navidad multirracial, o me sometería a los deseos de los invitados que no querían que se les interrumpiera la cena?

A medida que escribía la historia, me di cuenta de que desde el principio yo había sabido que quería una cena de Navidad revoltosa y multirracial, pero dejé que fuera mi esposo el que tomara la decisión. Él estaba exhausto de cuatro cultos de Navidad que habíamos tenido por la mañana en la iglesia, así que le explicó con mucho tacto a nuestro invitado negro que no podíamos hacer que cupieran todos ellos en la mesa. Yo acaté la opinión de mi esposo de que tantas personas adicionales convertirían la cena de Navidad en un caos.

Durante varias semanas trabajé en esta historia, basándola en este incidente, y después la entregué. El comentario de mi profesor sobre la historia fue éste: "Hay muchísima ira en este cuento. ¿Te das cuente de que aquí el personaje del esposo es el malo?"

Leí la historia de nuevo y a medida que lo hacía mi ira ardía en la hoja de papel. Me di cuenta de que el cuento no trataba sobre la iniquidad del apartheid, sino sobre el ser una mujer en una sociedad donde se me trataba como a una niña, y donde yo consentía en ser tratada así. Era la ira en contra de Ernie que había estado bien *dispuesto* a tomar la decisión y *permitirme* acatarla. Yo había sido la que había consentido en ser tratada así, y en realidad, había propiciado esa situación, porque eso era lo que estaba sucediendo en la sociedad que estaba a mi alrededor.

Mi ira se inflamó. Esa tarde le di la historia a mi esposo que la leyó bien despacio. Al final, levantó la vista y dijo:

— Eh, aquí yo soy el malo.

— Lo eres — le dije —, porque tú eras el malo cuando aquello o por lo menos uno de ellos. Me estoy dando cuenta de lo enojada que estaba, es decir, de lo enojada que estoy.

Durante varios días me sentí muy mal por la falta de personalidad propia que había tenido cuando eso. Ernie estuvo de acuerdo conmigo. Entonces supe cuál había sido el motivo real por el que había tirado el teléfono por las escaleras.

Expresando la ira de manera destructiva

Aunque es necesario que reconozcamos nuestra propia ira, es necesario que nos responsabilicemos de no dejar que le haga daño a nadie. Si en un momento en que estamos acaloradas expresamos nuestra ira a un hijo, un esposo o una amiga, podemos causarles un daño irreparable. Es posible que tengamos que esperar una o dos horas antes de poder expresarle nuestra ira a la persona con la que estamos enojadas.

Conozco una familia que usa un silbato para detener las peleas. Cuando algún miembro de la familia se enfurece con otro, él o ella le sopla el silbato al otro (ya sea en sentido literal o figurado). El ofendido o la ofendida explica su enojo o agravio al otro. El otro tiene que escuchar sin interrumpir, hasta que pueda explicar verbalmente el por qué de la ira del otro. Eso brinda una solución y también elimina la posibilidad de amargura como consecuencia de la ira. Cada miembro de la familia puede "enojarse" sin incurrir en pecado.

María me enojó un día después del culto en la iglesia. La sangre me ardía; me fui a casa a pensar por qué estaba tan molesta y a ver cómo se lo podía decir de la mejor manera. Yo sabía que si no le hablaba de mi enfado, al fin nuestra amistad se dañaría.

Le llamé por teléfono al día siguiente.

— Me enojé bastante contigo ayer.

— ¿Qué hice?

— Se te oía un tono de superioridad cuando hablabas

de por qué no ibas a esa reunión acerca de la actividad de la iglesia en el barrio marginado, como si estuvieras por encima de ella. Me pareció que te resultó tan fácil decir que no eres la esposa del pastor que tiene que tratar de ayudar a informar a la gente que tiene niveles de conciencia diferentes. Hablaste como si no supieras en absoluto cómo me sentía yo al respecto.

Hubo un silencio. Entonces habló mi amiga:

— Puedo ver cómo pudieras haberte sentido así. Lo siento, aunque en realidad no tenía la intención de que sonara así. Perdóname.

Se sanó nuestra relación y pudimos seguir adelante.

A menudo pensamos: *Yo nunca pudiera hablarle acerca de mi ira.* A veces sería impropio expresar nuestro enojo a un hijo o a un padre. Muchas veces tengo ganas de obligar a mi hijo adolescente a quedarse sentado mientras digo: "Estoy enojada contigo porque sólo piensas en ti mismo y tus deseos. Te estás portando como un muchacho de trece años, y eso me irrita mucho." Todo eso es cierto, pero no sería muy útil. Él no lo puede comprender en esta etapa de su vida. Hay veces en que le expreso mi ira y otras en que debo callar.

Cuando expreso mi ira, tengo que reconocer qué puede soportar la relación específica de que se trata. Algunas relaciones no pueden soportar ninguna expresión en absoluto. Es muy difícil lidiar con nuestro enojo de una manera saludable pero realista en esta clase de relación.

Hace poco tuve varios encuentros con una persona que me enfadó muchísimo, y no podía hacer nada al respecto. Sucedió en una de las últimas asignaturas que tuve que tomar para mi carrera de doctorado, una clase de drama del siglo veinte. Hice un trabajo escrito, de acuerdo con todas las instrucciones indicadas, y el profesor se negó a leerlo porque no fue exactamente lo que él tenía en mente. Le escribí una carta de explicación, sin llamarlo un tonto pomposo y hambriento de poder (¡aunque sí tenía ganas de hacerlo!). Me dijo muy pagado de sí que no leería el trabajo, así que más me valía escribir otro. Yo estaba furiosa pero sabía que si quería aprobar la asignatura no le podía expresar me enojo.

Dos días después el mismo profesor suspendió a una amiga mía en su examen oral preliminar para el doctorado a raíz de una lucha de poder dentro del departamento. Él se había resuelto a mostrar su poder contra viento y marea. Yo estaba furiosa con ese hombre. Él se daba importancia a costa de los menos poderosos que él. Nos resulta muy difícil hacer frente a esa clase de injusticia, y así debe ser.

Puede ser difícil manejar el enojo cuando estamos indefensas. Tuve que recordar que mi enojo en esa situación no fue pecado. Habría incurrido en el pecado si (a) no hubiera reconocido mi enojo, (b) lo hubiera atacado verbalmente al decirle mis sentimientos, o (c) hubiera jurado guardar rencor y nunca perdonar a ese hombre.

Cuando me senté a hacer mi trabajo escrito de nuevo, me enfadé tanto que casi no podía escribir. Me senté y oré por una buena perspectiva; puse un casete de himnos a todo volumen. Leí uno o dos salmos, porque David escribió tantos basados en su enojo o aturdimiento ante la aparente victoria del malhechor. Comencé a entender que la vida del profesor estaba distorsionada; él participaba en esos juegos de poder porque le faltaba algo central en la vida. Recordé oír decir que había salido de su entrevista de empleo con los dedos sangrientos; había estado tan nervioso y desesperado por conseguir el trabajo que se había mordido los dedos. Comencé a tener lástima de él. Intenté orar por él, pero eso me resultó difícil durante algunas semanas.

Cuando la ira se convierte en amargura

Bet y su esposo Brian tenían un matrimonio perfecto. Se habían convertido al cristianismo después de tener una adolescencia muy alocada. Tenían un bebé, trabajaban con los jóvenes en las calles y eran miembros activos de una iglesia bíblica que predicaba la "prosperidad". Como nuevos cristianos que eran, Bet y Brian escucharon de corazón el mensaje de este grupo , y eso afectó su punto de vista de Dios. El mensaje era sencillo: "Si yo hago mi parte, Dios hará la suya, y entonces todo marchará bien siempre." La otra cara de la moneda es la que quizás Bet y Brian no hubieran considerado, y es la siguiente pregunta: ¿Qué pasa si las cosas no marchan bien?

Bet también aprendió en esta congregación, a igualar a su esposo con Dios. Brian era de quien ella dependía; él era el que actuaba como Cristo para ella. Brian decidió que iba a estudiar medicina para poder hacerse médico misionero. Se mudaron a una ciudad universitaria en el noroeste de los Estados Unidos para que él pudiera estudiar. A Bet le encantaba la idea de ser una esposa misionera. Ella empezó a desempeñar un trabajo a tiempo parcial para ayudar a Brian, y comenzaron a asistir a una iglesia muy llena de vida.

Cuando Brian estudiaba para pasar su examen previo a admisión a la facultad de medicina, empezó a tener unos dolores en el estómago. Los médicos diagnosticaron que era producto del estrés, pero se sentía cada vez peor. Se volvió ansioso y temeroso, y comenzó a pensar si sería que Dios lo estaba rechazando. Finalmente, después que pasaron varios meses, se le diagnosticó un tipo de cáncer poco común. Se sometió a extensos tratamientos de quimioterapia y de radiación; como consecuencia, tuvo que dejar su trabajo. Los miembros de la iglesia proveyeron una casa y algún dinero para ellos. Otros hicieron vigilias durante noches enteras y les llevaban comida, pero Brian no parecía mejorar. Entonces Bet descubrió que estaba embarazada.

Al cabo de ocho meses, Bet y Brian dejaron de asistir a las reuniones del pequeño grupo de apoyo. Ya hacía meses que Brian no podía asistir, pero Bet les dijo que la razón por la que ella no iba a seguir asistiendo era porque iba a estudiar para hacerse fisioterapeuta, puesto que lo más probable era que nunca más pudiera volver a contar con que su esposo sería capaz de proveer lo necesario en el hogar.

Brian comenzó a mejorar hasta llegar a un punto de remisión total. Obtuvo un buen empleo y compraron una finca. Pero ya no van a la iglesia y su matrimonio se ha enfriado.

Bet piensa que su esposo la decepcionó y que Dios la traicionó; nunca más quiere volver a atravesar la clase de dolor que ha pasado. También piensa que la gente de la iglesia la decepcionaron. Está furiosa porque nadie sabía decirle adecuadamente dónde estaba Dios cuando Brian se enfermó y ella estaba embarazada. A pesar de que Brian está ahora casi bien, ella no permite que nadie se le acerque. Hay una mujer de la iglesia que la sigue llamando por teléfono y Bet dice: "¿No pueden entender que lo único que yo quiero es que me dejen tranquila?"

Bet ha escogido alimentar su ira contra Dios, las personas y su esposo, de manera que se ha convertido en amargura, una amargura que está presente en todas las partes de su vida. Como no ha hecho frente a este asunto, la amargura se ha convertido en la realidad central de su vida. Eso ha afectado también su perspectiva. No puede ver cómo Dios ha actuado aun en circunstancias adversas; no puede ver un futuro de esperanza. No puede ver el amor que hay en su esposo, sus amigos o Dios. Su vida ha sido distorsionada por la amargura.

Muchas mujeres tienen innumerables razones para estar amargadas. Muchas han sido abusadas, abandonadas cuando ya no tienen un cuerpo deslumbrante, desviadas de la vocación para la cual se sentían llamadas, devaloradas en público. Otras son tentadas a dejar que la ira se vuelva algo canceroso. Finalmente, el perdón es la única opción.

Jesús habló muy claramente en contra de la amargura y la falta de perdón. Le dijo a Pedro que tenía que perdonar "setenta veces siete" y continuó con la historia del patrón que le perdonó al sirviente una enorme deuda que tenía pendiente. El sirviente encontró a otro sirviente que le debía un poco de dinero y lo comenzó a amenazar. El jefe llamó al sirviente a quien le había perdonado y lo castigó por no haber perdonado al otro. Jesús terminó la historia de esta manera: "Así también mi Padre celestial hará con vosotros si no perdonáis de todo corazón cada uno a su hermano sus ofensas" (Mateo 18:35). Cuando decimos el Padrenuestro, le pedimos a Dios que nos perdone así como nosotros perdonamos a nuestros deudores. Aun cuando hayamos sido lastimados profundamente, necesitamos reconocer nuestra ira y escoger perdonar.

Hay personas que han escogido perdonar, aun en medio de circunstancias muy amargas. En su extraordinario libro sobre la vida en un campamento soviético para prisioneros, vemos que Irina Ratushinskaya tenía sobradas razones para estar amargada. Estaba muy enojada, pero nos cuenta que tomó la decisión de no odiar, por lo mucho que eso afecta al que odia. El odio se ramifica, "echando fuera todo lo demás, hasta que por fin corroe y deforma el alma". El odio puede echar raíces tan profundas que puede cambiar a la persona, hasta que lo que quede sea "una cáscara histérica, enloquecida y atormentada de lo que era antes". Ratushinskaya dice que ella tuvo que pensar, cuando vio a un guardia que trataba de destruirla, que él pudiera tener "hijos que pudieran llegar a ser muy distintos de su padre . . . También uno puede sentirse uno muy apenado por él: por muy grave que sea la situación de uno, ¿quisiera cambiar de lugar con él? ¡Por supuesto que no!"[1]

Nosotras somos las que decidimos qué vamos a hacer con nuestra ira. Primero tenemos que reconocer la emoción y tratar de entender qué nos está indicando con respecto a lo que es importante para nosotras. Entonces tenemos que decidir cómo la vamos a expresar, si debemos esperar o hablar. Tal vez nos sintamos tentadas a reprimir nuestra ira: "No te ablandes ahora . . . mantén vivo tu enojo . . . recuerda lo que te han hecho . . . perdonarlos sería dejarlos salirse con la suya." Hay situaciones en que perdonar es extraordinariamente difícil, pero tenemos el ejemplo de Jesús que perdonó a sus torturadores.

Ratushinskaya y otros cristianos son ejemplos para nosotras; ellos han estado iracundos y han encontrado vías de expresar su ira sin dejar que ésta los consuma. Han escogido perdonar.

---

1 Irina Ratushinskaya, *Grey Is the Color of Hope* (Nueva York: Vintage International, 1989), pp. 260-61.

CAPÍTULO 8

Creyendo las distorsiones sobre la intimidad

A menudo se ha considerado que el sexo es el pecado realmente enorme. Dorothy L. Sayers escribió un ensayo llamado *The Other Six Deadly Sins* (Los otros seis pecados capitales), porque un hombre joven le había dicho lo sorprendido que estaba de saber que había otros pecados aparte de los sexuales.[1] *Quizás el sexo ha alcanzado tanta notoriedad porque nuestra sociedad la distorsiona tan fácilmente. Quiero analizar dos grandes distorsiones que han conducido a las mujeres a la tentación: las distorsiones sobre la intimidad y las distorsiones sobre el sexo.*

Nuestra sociedad nos tienta a creer ideas corrompidas sobre la intimidad y las relaciones. Y las tentaciones del mundo han invadido la iglesia. Las que están en la parte temprana de la adolescencia creen que su vida será realizada cuando consigan un hombre; creen que si no tienen un novio no vale la pena vivir. Muchos cristianos se creen estas ideas a pesar de que están en contradicción con las enseñanzas del Nuevo Testamento, donde se describe el celibato como una opción deseable o un don para servir a Dios total-

1 Dorothy Sayers, "The Other Six Deadly Sins", *The Whimsical Christian (Nueva York: Collier/Macmillan, 1987), p. 157.*

mente; la mayoría de los cristianos lo ven como el peor desastre.

Distorsión 1: Un hombre me hará feliz

— Mi profesor de biología piensa que yo debiera estar en la carrera de preparación para la facultad de medicina — dice Karen, una estudiante brillante de primer año en una universidad cristiana —. Pero voy a ir a la facultad de enfermería porque pienso que es importante que ponga mi familia y mi esposo en primer lugar.

Ella se ve joven, sentada allí en mi oficina, demasiado joven para estar tan seriamente envuelta con alguien.

— ¿Estás comprometida?

— ¡Ah, no! — dice Karen riéndose —. Ni siquiera tengo novio. Nunca lo he tenido, pero pienso que el llamado más alto para una mujer es el de esposa y madre, y estoy incluyendo eso en mis planes de carrera.

Con sólo dieciocho años, Karen ha aprendido cuidadosamente el catecismo que le ha enseñado el mundo dentro de la iglesia: "¿Cuál es el llamado más importante para la mujer?" A diferencia del catecismo que la llevaría a responder: "Glorificar a Dios y gozarse en Él para siempre", Karen ha aprendido la versión del mundo: "Servir a un hombre y hacerlo feliz para siempre."

Esta idea mundana que Karen ha aprendido ha desaparecido casi totalmente de la sociedad secular. Ahora se la puede encontrar exclusivamente en algunas ramas de la iglesia. La mayoría de las mujeres de hoy no tienen el sueño de ser encontradas por "un príncipe encantado", de acuerdo con Ruth Sidel, profesora de sociología. De acuerdo con sus entrevistas exhaustivas con mujeres jóvenes desde la preadolescencia hasta los veintitantos años, ninguna de las entrevistadas pensaba que podía depender de la sociedad o de los hombres.[1]

Tal vez Sidel tenga la razón con respecto a las mujeres jóvenes de la sociedad en general, pero obviamente ella no estaba entrevistando a un grupo de mujeres cristianas. Muchas cristianas sufren del "síndrome del príncipe azul" en la cual la mujer espera que un hombre ocupe el centro de su vida. Fue idea de Dios que el ser humano no debe de vivir solo, pero hay cristianos que tergiversan ese ideal romántico: "Un hombre vendrá y me encontrará, me cuidará, y yo haré su hogar agradable, criaré niños buenos para él y le cocinaré buenas comidas." Esa distorsión no es sólo idolatría, sino una mala interpretación tan extraña de la relación entre hombres y mujeres, como la pornografía.

Cuando las mujeres creen que encontrar un hombre será la respuesta de todos sus sueños y deseos, están tragándose algo que el mundo les ha dicho de incontables maneras. La historia más común que las mujeres leen es el "romance" que termina cuando la mujer (por lo general joven y atractiva) se casa. Los nuevos "romances cristianos" siguen esa tendencia, dando por implícito que el fin más grande de una mujer es encontrar un hombre y hacerlo feliz para siempre.

El "síndrome del príncipe azul" no infecta sólo a las solteras. Las novelas románticas también ofrecen la promesa de pasión incluso a las abuelitas que van a la iglesia. Ella está sentada en la sala de su casa, con el esposo roncando detrás del periódico, y comienza a fantasear acerca de un yatista de treinta años que la toma en sus brazos musculosos diciéndole en el oído que no puede vivir sin ella. De todos los libros en rústica

---

1 Ruth Sidel, *On Her Own: Growing Up in the Shadow of the American Dream* (Nueva York: Viking, 1990).

populares que se venden en los Estados Unidos, el cuarenta por ciento son novelas románticas.

¿Quién les ha dicho a las mujeres que sólo un hombre las puede hacer feliz? Los pastores, los padres y a veces las madres, que nunca reflexionaron sobre su propia vida con cuidado. El año pasado hice que mis estudiantes de primer año leyeran un ensayo que cita una estadística muy conocida y repetida que plantea que las mujeres que trabajan y tienen familia a la vez, son más felices que las que son amas de casa solamente. Todos estos estudiantes cristianos escribieron ensayos criticando el artículo y todos negaron la exactitud de la estadística. A ellos se les ha dicho en términos ciertos, a través de conferenciantes y pastores, que la única mujer feliz es la que se quedó en el hogar toda su vida.

Cuando Tracey se graduó de la escuela secundaria en Florida, decidió ir a una universidad bíblica local, encontrar a un buen hombre joven y convertirse en la esposa de un ministro. Ella estudió educación cristiana y permaneció en la universidad durante seis años. Entonces Tracey se mudó a Carolina del Norte y tomó un empleo como secretaria; aún no había aparecido el hombre ideal. Se mudó de vuelta a Florida y tomó un trabajo enseñando en una escuela cristiana, pero allí gana un sueldo muy bajo, lo que significa que tiene que vivir en la casa de su mamá y su padrastro. Ya tiene treinta años y sólo conoce a unas cuantas personas porque se cambia de iglesia a menudo. Es una víctima del "síndrome del príncipe azul".

Las mujeres también han escuchado este cuento de hadas en las películas e historias. Pero eso a menudo hace resonancia con lo que ellas quisieran creer. El cuento de hadas también les gusta a las mujeres que dudan de sus habilidades y talentos. Una mujer como

Tracey quizás piense que ella no pudiera ser una directora de escuela muy competente, pero que es lo suficientemente buena para ser la "ayuda idónea" de alguien. Los hombres, a veces inconscientemente, alientan esa distorsión. La esposa tradicional es como el mayordomo tradicional de las novelas inglesas. ¿A quién no le gustaría una esposa que cocinara deliciosos manjares, educara unos niños divinos, se sometiera a cada uno de sus deseos, mantuviera la casa impecable, planchara las camisas y proveyera la satisfacción sexual necesaria en la alcoba?

Una mujer como Tracey no necesita encontrar lo que Dios quiere que ella haga con su vida, porque ella puede depender de "Don Perfecto" para planear su vida. Si "Don Perfecto" se tarda, ella seguirá en busca del espejismo.

La "pornografía" del amor romántico

En el capítulo uno vimos en qué se distinguen las mujeres de los hombres. Vimos que las mujeres tienden a darles importancia a las relaciones por encima de todo lo demás. Eso no es malo, pero a veces dedicamos tanto tiempo a las relaciones que se vuelven algo así como reflejos en el espejo de una casa de trucos. Dios nos ha dado la necesidad de tener intimidad con otra persona, pero es una cosa que se puede torcer. La pornografía es una distorsión, donde el deseo por la satisfacción física se vuelve el todo. El amor romántico es otra distorsión, donde la persona espera que otra sea la respuesta a su vida. La imagen romántica de la damisela arrebatada por el caballero es algo tan distorsionado como la imagen de la mujer pudorosa e inexperta convertida en una maniaca sexual por un hombre bien macho.

El amor romántico es maravilloso. La mayoría de los matrimonios en nuestra cultura comienzan en con la experiencia de enamorarse, que no es un mal comienzo.

"El romance es una parte muy importante de la fase temprana del amor. La poderosa atracción que sentimos el uno por el otro, nos impulsa hacia el compromiso, alentándonos a que estemos abiertos a los riesgos y las posibilidades que traerá el matrimonio."[1]

Scott Peck señala que esta etapa romántica pasa a medida que los amantes comienzan a ver que su pareja es diferente a ellos. Peck ve eso como el momento para que comience el verdadero amor, es decir, cuando el encaprichamiento romántico termina.[2]

Evelyn y James Weatherhead lo ven de esta forma: "El matrimonio madura a medida que el amor se vuelve una elección activa. La conciencia de eso nos mueve más allá de la experiencia vigorizadora pero mayormente pasiva de 'enamorarse', y nos lleva hacia el amor como un compromiso escogido y cultivado . . . El desafío no es seguir amando a la persona con la que pensábamos que nos habíamos casado, sino amar a la persona con la que realmente nos casamos."[3]

El "final" del ideal romántico puede ser algo de mucho estrés para la mujer cristiana, a tal punto que no pueda soportarlo. Para ella es el final de un llamado, una profesión, un ministerio, así como el final de un sueño. Tal vez sufra un colapso bajo la presión — como le pasó a Jill en nuestra introducción — cuando ve que su príncipe azul no es lo que ella esperaba. Tal vez se sumerja en la amargura como Bet, cuando su príncipe

---

1 Evelyn Eaton Weatherhead y James D. Weatherhead, *A Sense of Sexuality: Christian Love and Intimacy* (Nueva York: Doubleday, 1989), p. 195.

2 M. Scott Peck, *The Road Less Traveled: A New Psychology of Love, Traditional Values, and Spiritual Growth* (Nueva York: Simon and Schuster, 1978), pp. 84-93.

3 Weatherhead y Weatherhead, *A Sense of Sexuality*, p. 197.

azul no pudo, por la razón que sea, protegerla y ser todo para ella.

Una mujer soltera tal vez tenga un príncipe azul muy lejano; pero en realidad ella anhela al hombre perfecto, el que satisfará todas sus necesidades.

Yo sabía que fue la providencia. El número de cuarto de Dan en los apartamentos de estudiantes Sherwood Forest era el 814. La dirección de la casa donde yo vivía con otras cinco mujeres era el 814 de la Primera Calle. Dan me invitó a ir al Festival Montañés de la universidad con él; me sentí orgullosa de ver las gaitas con él, puesto que él era escocés. Nos paramos en la plataforma, oyendo la música cercana. Me puso el brazo sobre los hombros, y supe en seguida que éste era el hombre para mí.

Dan era alto y delgado. Tenía el pelo oscuro y crespo, la cara traviesa, ojos azules y brillantes. Me parecía muy aniñado; se entusiasmaba mucho por la buena comida, caminar por las montañas, montar bicicleta, la nieve o salir en bote de vela. También tenía una voz de tenor muy agradable; recuerdo cuando cantó un himno tradicional con mi viejo amigo Ed.

Cuando pienso en la intensidad de esa relación que duró sólo seis u ocho meses y que me devastó cuando terminó, pienso que tuvo mucho que ver con el idealismo que forjé alrededor de esa relación. Había estado con muchos otros hombres, pero esta fue mi primera relación después que me convertí al cristianismo. Sentía como que amaba a Dan con un amor tan profundo que nunca antes había conocido.

Dan se volvió la respuesta a todos mis deseos más profundos, y — tal vez más importante — a las enseñanzas cristianas que recibía con respecto a las relaciones. Nuestra vida juntos sería algo maravilloso; yo viviría para él y no necesitaba escoger una carrera siquiera. Nuestros hijos serían lindos "Dancitos". ¿Qué más podría querer una mujer?

En la experiencia de enamorarse, la mujer es un recipiente pasivo y emocional de la atención masculina. Los escenarios románticos retratan al héroe masculino que rescata y luego posee a la damisela en dificultades. Él es el agente activo y ella es la cooperadora pasiva. Esta experiencia romántica, además de las enseñanzas cristianas que enfatizan la naturaleza pasiva de la participación de la mujer en la relación sexual, hacen que la mujer esté totalmente desprevenida de sí misma dentro del matrimonio. Ella supone que si es dulce y cooperativa con su hombre, será feliz y estará satisfecha. Pero la realidad puede traer terribles trastornos afectivos.

Distorsión 2: El celibato es lo peor para una mujer

Nuestra cultura le dice a la mujer que una mujer sin hombre no es nada. Piense hasta en el vocabulario: un hombre soltero lleva implícita la diversión. Una mujer soltera es una quedada o una solterona, alguien que se quedó olvidada en el estante, indefensa, débil e imposiblemente frustrada.

Esta necesidad de estar con alguien la explotan las agencias que se dedican a buscar pareja, vulgarmente conocidas como "la industria de la angustia". Había casi mil agencias dedicadas a este negocio en los Estados Unidos en 1989, y "tiene una ganancia bruta de cien a trescientos millones de dólares al año".[1]

La "industria de la angustia" la explotan hasta las editoriales cristianas. El mundo claramente ha invadido la iglesia; podemos ver eso en un libro publicado en 1989, donde se instruye a las mujeres en cómo "conse-

---

1 Kevin Diaz, "No Love Lost in the Dating Business", *Minneapolis Star Tribune*, 5 julio 1990, pp. 1E-9E.

tro trabajo, pueden confundir a un posible candidato soltero.

La mujer necesita darle cumplidos al hombre. A un hombre en la oficina ella le podría decir: "Creo que tú eres el mejor vendedor de la compañía." En la iglesia las cosas son un poco diferentes, como es natural. Ella puede comentar: "Cuánto más perceptivo es él que los demás, o cuánto más ha considerado sus creencias que los demás." La sinceridad no es un punto importante aquí: "Por supuesto, debes basar tu comparación en una evidencia que la apoye, pero no te concretes al pie de la letra."[1]

Otro modo de conseguir un hombre es "pidiendo prestado" el hijo de alguna vecina para llevarlo a un lugar público. Allí ella puede saltar, reírse, rodar loma abajo, (porque el comportamiento infantil atrae al hombre); y cuando ella tenga una oportunidad le explicará al hombre que la criatura no es de ella, pero que a ella le gustan mucho los niños, "dejando claro en seguida que estás disponible".[2] Logan sugiere otras vías de conseguir a un hombre: trabajando en lugares donde predominan los hombres, visitando distintas iglesias, asistiendo a la facultad de graduados, y merodeando por los salones de espera de los aeropuertos donde flirtea con los aburridos viajeros de negocios, aunque de este modo tenga que vestirse de acuerdo con esta circunstancia con una chaqueta y falda y un portafolio, aunque nunca en su vida haya montado en avión. Los clubes de autos o de fotografías también constituyen buenas oportunidades, así como las agencias de automóviles.

Cuando la mujer cristiana desea encontrar al hombre perfecto, ella puede tomar algunos accesorios. Logan

---

1 Ibid., p. 131.
2 Ibid., p. 162.

sugiere cualquier libro de C. S. Lewis, un ejemplar reciente de una revista deportiva ("no el ejemplar de los trajes de baño, a no ser que tú tengas una figura como la de la modelo de la portada"), una revista de negocios, o una camiseta con el nombre de una universidad o de un lugar de diversiones. "Usa uno con el nombre de una universidad u organización cristiana si quieres restringir tus posibles candidatos a cristianos solamente. No uses una camiseta con un lema tonta o feminista."[1] "Ponte un sombrero, lleva tu perro, la cámara, una raqueta te tenis o de frontón, ponte tu traje de jugar tenis si tienes buenas piernas, usa unas lentes de sol simpáticas, y un botón que no diga nada feminista, político o combativo."[2] Logan les recuerda de cuando en cuando a sus lectoras lo eficaces que han sido sus métodos, contándoles los resultados: las pobres y solitarias mujeres cristianas terminan "casadas y con tres hijos".

Que una escritora y una editorial cristiana quieran explotar a personas que se sienten desesperadas e impotentes es algo extraordinario pero a la vez incomprensible. ¿Por qué? Porque la iglesia ha enseñado que una mujer sin hombre no es nada. Tenemos más fe en el romance que en Dios. Hay historias de la iglesia de los primeros tiempos en las que se cuenta que había mujeres que anhelaban ser libres para poder seguir a Cristo, que enfrentaron el martirio para no sentirse atadas por el matrimonio. En la actualidad, el objetivo final de una mujer es encontrar un hombre y hacerlo feliz para siempre.

Cuando describimos a una persona que no se ha casado, posiblemente digamos: "Bueno, ella es soltera."

---

1 Ibid., p. 171.

2 Ibid.

Ser soltera es su característica dominante. Una autora escribe:

> *Siempre me sorprendo cuando me doy cuenta de que las personas piensan en mí como soltera. Es cierto que no estoy casada y que vivo sola . . . 'Ser soltera' es sólo una pequeña parte de mi persona, como decir que "tengo los ojos azules"; es cierto, pero tiene muy poco que ver con la persona que soy.*[1]

La soltería es en realidad la manera en que nacemos: es nuestro estado natural. Bien pudiéramos llamar al matrimonio el estado de "insoltería".[2]

Ser soltera para una mujer implica que ha sido rechazada, que no ha tenido opciones, sobre todo porque nuestra sociedad ha identificado tradicionalmente las cualidades de relacionarse y criar como las más sobresalientes e importantes de la mujer. Y si la mujer soltera se siente mal por encontrarse en ese estado, es más probable que se involucre en una relación que no vaya a ser saludable, o que sea atraída al matrimonio con alguien que no tenga la misma fe. Esta es una de las más grandes tentaciones que una mujer tendrá que enfrentar.

Beth se convirtió al cristianismo, después de una larga lucha, dos meses antes de casarse. Su novio, Wendell, no quería que ella fuera a la iglesia ni que anduviera con cristianos. Los amigos cristianos de Beth le aconsejaron que no se casara con Wendell, o que por lo menos esperara un tiempo. Pero Beth tenía treinta y seis años y se sentía presionada a "normalizar" su vida mediante el matrimonio, de manera que se casó.

Seis meses después, yo estaba sentada en la cama

---

1 Weatherhead y Weatherhead, *A Sense of Sexuality, p. 217.*

2 Ibid., p. 218.

mientras mi esposo intentaba aconsejar por teléfono a Wendell. Desde mi lado de la cama se podía escuchar el ruido de cristales rompiéndose que de cuando en cuando salían del teléfono. Mientras Wendell hablaba con mi esposo, Beth estaba rompiendo las ventanas de su casa con un bate. El matrimonio de ellos fue tambaleándose unos meses más hasta que él desapareció. Ella había sucumbido a la tentadora mentira del mundo: "No eres nada si no tienes un hombre."

A las mujeres se les ha dicho que el llamado más importante es el de ser una buena madre y esposa. "Puesto que la maternidad y el matrimonio han sido tan identificados como la verdadera vocación de las mujeres, a menudo se ve a las mujeres solteras como mujeres incompletas."[1] La iglesia protestante eliminó el celibato con el monasticismo medieval, pero ha habido muchas mujeres solteras que han tenido ministerios muy grandes en años recientes.[2] Es cierto que la maternidad es un llamado tremendo, pero si es el llamado más grande, entonces a las mujeres solteras se les niega el compañerismo, la legitimidad y el acceso al llamado más alto.

Podemos ver el éxito que ha tenido el mundo en promover su producto en la iglesia, cuando vemos cómo la iglesia subraya la familia y el matrimonio como algo supremo, y olvida el testimonio de las Escrituras. Pocas iglesias ven el celibato como una opción viable; en su lugar, le hacen la soltería más difícil a las mujeres cristianas. Muchas iglesias tienen secciones en su boletín o en su publicación mensual que celebra y felicita a

---

1 Elaine Storkey, *What's Right with Feminism* (Grand Rapids: Eerdmans, 1985), p. 175.

2 Letha Scanzoni y Nancy Hardesty, *All We're Meant to Be: A Biblical Approach to Women's Liberation* (Waco, Texas: Word, 1974), p. 148.

las parejas que se comprometen, se casan, o tienen hijos. Le dan mucha importancia al día de las madres. Se hacen despedidas de solteras y fiestas a las mujeres que van a tener un bebé donde se les colma de regalos. La mujer soltera que está intentando vivir una vida célibe, a pesar de las presiones de los medios de comunicación, la sociedad, la familia y la iglesia, lucha sin cesar, y nadie la celebra.

El apóstol Pablo celebraba la soltería, y Jesús se refería a los discípulos como más cercanos que la familia. En 1 Corintios Pablo les sugiere a los cristianos que ellos serían mejores cristianos si no estuvieran casados; habla de eso como un estado saludable y santo para los cristianos (1 Corintios 7:36). Desafortunadamente, nos hemos tragado por completo la historia del mundo.

¿Cómo debe responder la soltera cristiana? Debemos ser sinceras con Dios si sentimos que Él nos ha decepcionado. Mi amiga la psicóloga me dice que muchos de sus pacientes son mujeres cristianas que sienten que no valen nada sin hombre. Puesto que no están casadas, sienten que se están perdiendo lo mejor de la vida, y como mujeres se sienten impotentes. Las mujeres no les preguntan a los hombres si quieren casarse con ellas. Aunque una mujer que se quiera casar trate de conocer muchas personas y ore con fervor, su posición es esencialmente pasiva ya que no puede hacer mucho con respecto a eso. Tal vez esté furiosa con Dios, pero como ella no sabe que puede enfurecerse con Dios, eso se convierte en depresión e impotencia. Como vemos en los Salmos, Dios puede manejar nuestra ira. Podemos decirle que estamos enojados con Él.

El cristiano soltero necesita salirse del sentimiento de culpabilidad. En su artículo "The Desires of Thine Heart" (Las peticiones de tu corazón), Evelyn Bence analiza la vida soltera. Ella habla de las promesas que le dieron su abuela y su hermano de que Dios cumpliría el deseo de su corazón, y lo decepcionada que ella estuvo cuando Dios no lo hizo.

Ella habla de aprender a reconocer sus sentimientos y de salirse de la espiral de culpa que viene como resultado de no estar contenta con Jesús y seguir deseando un hombre. Bence ve este deseo desesperado por tener intimidad como una consecuencia de la caída, como lo son también los dolores de parto, y los cristianos no deben sentirse culpables de experimentar estas consecuencias. Ella sugiere que la mujer soltera defina cuál es el origen de su descontento, y se deshaga de todo sentimiento de culpabilidad innecesario, haciendo de esta forma lo que "emocionalmente equivaldría a los ejercicios de respiración de la mujer embarazada. . . Luchar en contra del dolor legítimo . . . lo hace peor aún, y aceptar el dolor . . . rompe misteriosamente el poder que tiene de controlarnos y nos hace más conscientes de la presencia espiritual y sustentadora de Dios".[1]

Aunque Dios instituyó el matrimonio, no creó a la persona perfecta que respondería a todas nuestras necesidades para después esconderlo detrás de alguna mata. Aunque Dios vio que Adán y Eva se necesitaban mutuamente, es obvio que ellos no eran la respuesta a los problemas de uno y otro; de lo contrario todavía estaríamos en el huerto del Edén. Sé por mi propia experiencia que el matrimonio puede ser un medio donde se enriquezca nuestra vida, donde se alimente el crecimiento personal, donde podemos reírnos, sostener los valores de nuestro cónyuge y refugiarnos cuando los hijos nos abruman. Pero el matrimonio no puede completarme. Sólo Dios puede hacer eso.

Es muy poderosa la tentación que tenemos de aceptar

---

1 Evelyn Bence, "The Desires of Thine Heart", *Priscilla Papers,* 4 (Primavera, 1990), pp. 8-10.

las distorsiones del mundo, de esperar que alguien venga y nos haga felices, de encontrar el centro de nuestra vida fuera de Dios. Satanás alentará a las mujeres a que se conformen con mucho menos de lo mejor. Necesitamos conocernos a nosotras mismas, identificar el poder que tiene la influencia del mundo en nosotras, y buscar el plan de Dios para nuestra vida individual, el patrón que Él tiene para las relaciones que nos nutrirán dentro de la comunidad cristiana.

CAPÍTULO 9

Creyendo distorsiones sobre el sexo

Cuando estaba en la escuela secundaria, un violonchelista de la orquesta de sexto grado dio una fiesta. Greg insistió en que sus padres habían prometido que permanecerían arriba mientras la fiesta se realizaba en el sótano. La novia de Greg era una violinista que se llamaba Marcia y lo ayudó a aparejar todos los miembros de la orquesta que vendrían a la fiesta. A mí me pusieron de pareja con Eric. En los ensayos de la orquesta vi que él a veces me estaba mirando fijamente.

Por fin llegó la noche de la fiesta. Jugamos al ping-pong, tomamos refrescos y comimos perros calientes. Entonces Marcia y Greg se sentaron en un sofá y se pusieron a abrazar y besar. Después de una breve demostración Marcia se separó de Greg y dijo:

— Ahora les toca a ustedes — nos dijo al resto de nosotros.

— Es muy rico — dijo Greg.

Yo estaba supuesta a hacerlo con Eric, que ni siquiera tocaba bien la viola. Lo miré y fui a llamar por teléfono a mi mamá diciéndole: "No me siento bien. ¿Puedes venir a buscarme?"

Fue dos años más tarde que descubrí mis deseos sexuales y me di cuenta de que tenía algo que podría hacerme atractiva al sexo opuesto. Conocí a Randy después de comenzar el curso en septiembre, y nos pasábamos las tardes jugando al billar en el garaje de su casa, que estaba a tres puertas de la mía. Una tarde puso su taco de billar en el estante y se viró hacia mí. Me abrazó y me besó, pegando su cuerpo al mío. Entonces entendí por qué se le daba tanta importancia al sexo. También me di cuenta de que sólo el ser mujer me daba cierto poder sobre alguien como Randy, y eso me gustaba.

La sexualidad en la adolescencia

Casi veinticinco años más tarde, una niña de diez años llamada Sammie vive al doblar de la esquina de nuestra casa. Ella habla de las películas prohibidas para menores que ha visto en el canal por cable cuando su papá se desmaya por borrachera. Se tiñe el pelo de rubio y se viste de manera tal que hace resaltar su cuerpo que apenas ha empezado a desarrollarse. Cuando mi hijo que tiene trece años está en casa, ella se sienta en los escalones del frente de la casa a conversar con mi hija de siete años y a decirle lo mono que es su hermano. El hogar de Sammie no le ha provisto seguridad, ni una base firme para enfrentar la vida, pero ya ella conoce el principio de los impulsos sexuales. Ella piensa que el sexo puede proveerle la clave para encontrar poder en la vida.

El sexo puede ser algo abrumador para el adolescente; lo puede emocionar y amenazar como ninguna otra cosa. "En la maduración para llegar a la vida adulta, nos familiarizamos con el sexo, y aprendemos a apreciar su poder, a saborearlo, y a penetrar algunas de sus ilusiones. Tomamos decisiones que integran la actividad sexual en nuestra vida de un modo que está de acuerdo con nuestros valores más profundos."[1] Sin embargo, la sociedad nos "alienta a permanecer mucho tiempo en la adoles-

1 Weatherhead y Weatherhead, *A Sense of Sexuality*, p. 26.

Ella guía los estudios bíblicos de un grupo de personas y tiene muchas amistades. Ha salido con distintos hombres pero ninguno de ellos le ha gustado lo suficiente como para casarse, y siempre está luchando con su sexualidad.

"Cuando estaba en la universidad conocí a un hombre que me encendió sexualmente. Como cristiana sabía que las relaciones sexuales estaban fuera de los límites, pero podía verlo al otro lado de un cuarto y excitarme."

Bonnie pensaba que sus sentimientos sexuales eran raros, que ella era la única que los sentía. Pensaba que "las mujeres cristianas buenas" no se sentían atraídas sexualmente a los hombres. "Creo que lo que más me molesta es el hecho de que nunca he sido capaz de poner mis fuertes fantasías sexuales junto con los sentimientos de amor y de relación mutua, de manera que las veo sucias. Pero ahí están y no sé qué hacer con ellas. A veces me pregunto si será más fácil para las personas que eran sexualmente activas antes de convertirse dramáticamente. Por lo menos saben de qué se trata. Me temo que voy a ir a la tumba sin saber lo que es ser amada por un hombre. Sé que como cristiana debiera alegrarme de que todavía soy virgen, pero en realidad no sé si me alegro o no."

La ambivalencia de Bonnie tal vez sea el resultado de que las mujeres cristianas no hablan de sus sentimientos sexuales. Si Bonnie fuera un hombre que se sintiera dominado por sus deseos sexuales, sería considerado normal. A las mujeres cristianas se les ha dicho que no debieran tener tales sentimientos, y eso a su vez puede ser porque las mujeres cristianas aprenden del sexo a través de la perspectiva de un hombre. Los hombres describen sus propias experiencias sexuales, y a continuación les dicen a las mujeres lo que *ellas* van a sentir (o deben sentir) sexualmente.

Distorsión 3: El sexo es una necesidad masculina

Las mujeres han aprendido a pensar sobre su sexualidad principalmente en el sentido en que se deriva de la sexualidad masculina. Hasta las palabras que usamos para hablar del sexo implican una perspectiva masculina. "La expresión *excitación preliminar* supone que lo que es casi siempre la parte que más satisface a una mujer es sólo algo preliminar a la parte importante, es decir, la penetración", escribe Dale Spender. Ella sugiere que la palabra *participación* expresaría mejor la perspectiva femenina del acto sexual.[1]

Los libros de texto de los seminarios enseñan a los futuros pastores a dar consejos para el matrimonio. He aquí lo que uno de estos libros les aconseja a los hombres: "La esposa debe saber la diferencia entre las necesidades sexuales masculinas y las femeninas. El hombre es en general más físico en sus necesidades y en sus respuestas, mientras que la esposa es mucho más afectiva. El hombre puede excitarse sexualmente más rápido, y tiende a ser sexualmente más agresivo, a veces deseando tener relaciones sexuales con más frecuencia que su esposa."[2] Un poco más abajo en esta misma página, tres expertos les aconsejan esto a las mujeres: "No vayan a la cama desaliñadas. Algunas esposas se acuestan por la noche con unos pijamas de franela viejos, o embarradas de cremas faciales grasientas."[3]

---

1 Dale Spender, *Man-Made Language* (Londres: Rutledge and Kegan Paul, 1985), p. 178.

2 Paul D. Meier, Frank B. Minirth, y Frank B. Wichern, *Introduction to Psychology and Counseling: Christian Perspectives and Applications* (Grand Rapids: Baker, 1982), p. 372.

3 Ibid., p. 373.

Estos consejos son desde una perspectiva totalmente masculina.

Willard Harley sugiere en su libro sobre las necesidades de él y de ella, que los hombres necesitan lo siguiente de su esposa: satisfacción sexual, compañía recreacional (alguien con quien hacer actividades deportivas), una esposa atractiva, apoyo doméstico (un hogar ordenado y tranquilo) y admiración. ¿Qué necesita una mujer de su esposo? Harley responde: cariño, conversación, sinceridad y franqueza, provisión económica y compromiso con la familia. En el capítulo sobre lo primero de lo que no puede prescindir: la satisfacción sexual, se da el Primer Corolario de Harley: "La esposa típica no entiende la profunda necesidad sexual de su esposo más de lo que el esposo típico entiende la profunda necesidad de cariño de su esposa."[1] Una vez más, se ve el sexo desde una perspectiva masculina.

Los libros de texto y los libros cristianos más populares sobre el matrimonio retratan a la mujer en un papel pasivo dentro del sexo. Aunque para el hombre la satisfacción sexual es importante, la mujer encontrará satisfacción en una cama cálida, un techo seguro y la idea de que los niños están bien tapaditos en sus camas.

Julia pertenecía a un grupo de colchadura de su iglesia. Las mujeres hacían labor de retazos y conversaban mientras cosían. Casi siempre cerraban la sesión con una oración. Una vez surgió el tema de la tentación. Cada una de ellas comentó el tema en algún aspecto en que lo hubieran tenido que enfrentar.

—Encuentro que las últimas modas me atraen mucho y quisiera ir a las tiendas y comprármelo todo.

—Gasto mucho en la decoración de mi casa, como

---

1 Harley, *His Needs, Her Needs, Building an Affair-Proof Marriage p. 41.*

esas persianas que ordené la semana pasada.

— A mí se me hace muy difícil establecer una rutina regular de tiempo devocional.

Entonces le tocó a Julia.

— Nunca le he dicho esto a nadie, pero tengo una tremenda lucha con la lujuria. No es que no ame a mi esposo, pero cuando miro al profesor de música de mi hijo de dieciséis años, siento que el deseo me abruma. Me siento increíblemente atraída a él, lo mismo física que emocionalmente.

Hubo un silencio. La mujer que estaba sentada al lado de ella rompió el silencio y dijo:

— A veces me enojo con mi suegra.

Julia sintió como que ella era alguien muy extraña por tener que luchar con la lujuria. Mientras recogía sus cosas y las metía en la bolsa se sintió muy sola.

Esa tarde, Julia telefoneó a una amiga del grupo:

— Me sentí como uma tonta hoy en el grupo — le dijo —. Creo que interpreté mal la situación; quería contar lo que me pasa con alguien y me pareció el momento adecuado. Pero lo que hice fue avergonzar a todo el mundo, incluso a mí misma. Sólo quería decirle a alguien lo tonta que me sentí.

La amiga de Julia hizo una pausa:

— Me alegro de que hayas sido tan franca. Después de la reunión, mi teléfono no ha dejado de sonar. Dos mujeres me han dicho que habían estado considerando tener relaciones adúlteras, pero que por tu sinceridad habían resuelto no hacerlo.

La mayoría de las mujeres cristianas dan por sentado que su vida sexual después del matrimonio las va a satisfacer. Los dos van a estar tan unidos en alma, mente y cuerpo que el sexo va a ser maravilloso. Si una mujer tiene deseos sexuales fuertes que no se satisfacen en su matrimonio, eso sencillamente no se puede comprender.

Su insatisfacción marital puede dar comienzo a un sentimiento de culpabilidad. Ella pensará: "Bueno, él es tan bueno conmigo, y los niños son maravillosos, que yo creo que eso no importa. No hay ningún problema en nuestra vida sexual."

El problema es que el buen sexo en el matrimonio incluye estar en contacto conmigo misma, mis sentimientos, y lo que me excita. Como consecuencia de la distorsión número uno (el sexo es malo), muchas mujeres fueron educadas con sentimientos de vergüenza con respecto a algunas partes de su cuerpo, y no están seguras qué realmente las excita. Añadámosle a eso la distorsión número dos que alienta que las mujeres piensen en el sexo como algo diseñado para satisfacer primordialmente al hombre, y entonces tendremos una situación potencialmente explosiva. Eso lo vimos en la experiencia de Jill: cuando las mujeres pierden el contacto con sus sentimientos sexuales, son muy vulnerables a las tentaciones sexuales súbitas. Necesitamos reconocer que somos seres sexuales con sentimientos sexuales.

Distorsión 4: Un matrimonio feliz significa satisfacción en la intimidad sexual

Nuestra sociedad ha alentado una desigualdad en el matrimonio que sugiere que uno de los cónyuges existe (de distintas maneras) para la conveniencia del otro. Eso pasa con mucha frecuencia en el ámbito doméstico, donde uno de los dos hace la mayor parte del trabajo de la casa, pero también puede pasar en el ámbito sexual, donde uno de los dos encuentra la satisfacción sexual y el otro aprende a "sobrevivir". Las mujeres cristianas se pueden convertir fácilmente en objetos sexuales, quedando satisfechas con ser una respuesta a las necesidades sexuales del esposo. Es muy común que las mujeres que experimentan insatisfacción marital se culpen a sí mismas. Se preguntan si están dándole lo suficiente a sus maridos, y dar implica adoptar cierta actitud pasiva.

Muchas mujeres cristianas no están seguras de qué pensar acerca de su sexualidad, mucho menos hablar de eso. Ellas han supuesto que su satisfacción sexual es algo que se obtiene como un derivado, pues ¿qué mayor satisfacción puede querer una mujer que satisfacer a su marido? Las mujeres pueden vivir durante años pasando por alto el apetito de su cuerpo, y hallando la satisfacción en sus hijos, un beso furtivo del esposo cuando venga de la oficina, o la sesión ocasional de tres minutos de hacer el amor antes que el marido se duerma.

Si de pronto la mujer reconoce que existen fuertes sentimientos sexuales que no se están satisfaciendo en su matrimonio, eso puede afectar otros aspectos del matrimonio, o tal vez ella se vea tentada a encontrar satisfacción sexual en otra parte.

Ann y Clive se conocieron cuando él estaba terminando su diploma en arquitectura y ella estaba completando su maestría en periodismo. Se casaron ocho meses más tarde. Ella disfrutaba de las labores del hogar, cocinar y criar a los niños. Pensaba que su vida sexual era bastante buena, algo de lo que no había por qué quejarse, aunque las interrupciones de cuatro embarazos, cuatro tandas de amamantar a los hijos, y noches de desvelo no ayudaban para nada. Durante uno o dos años ella estuvo preocupada por la posibilidad de estar embarazada nuevamente. Cuando hacían el amor ella fingía que todo iba bien; quizás ella pensaba que todo estaba bien.

Hace un par de años ella volvió a la universidad a tomar algunas clases. Se encontró con una escritora que sugería que muy pocas mujeres conocían su cuerpo a cabalidad o sabían realmente lo que las hacía seres sexuales. Ann reconoció que eso era aplicable para ella, y se dio cuenta de que había supuesto que en la medida que tuviera más experiencia sexual con Clive, encontraría más satisfacción sexual. También se dio cuenta de que le había estado dando la impresión a Clive de que su vida sexual estaba bien. Entonces comprendió que su vida de casada pudiera ser así: no infeliz pero no haciendo nada por mejorar su vida sexual, no siendo tan franca como pudiera ser, no averiguando lo que en realidad le iba a traer más que una satisfacción sexual ocasional.

Ann tuvo miedo. El descubrimiento de deseos sexuales fuertes la hizo sentirse casi mareada. Parecía que la tierra temblaba bajo sus pies, y se preguntó si era realmente la mujer que pensaba que era. Se dio cuenta de que si fuera hombre, todo eso sonaría ridículo. Era por ser una mujer casada y cristiana que todo parecía tan extraño.

Ann se dio cuenta de que estar fuera de contacto con un aspecto de sí misma como su sexualidad, la ponía en una posición muy peligrosa. ¿Cómo iba a enfrentar este problema si Clive estaba lejos y ella se encontraba de pronto en una situación que la tentaba? No quería ni pensar en eso.

Por fin pudo manejar bien su situación. Reconoció sus fuertes sentimientos sexuales y le habló a Clive de ellos. "Llevé a Clive a cenar y le dije que tenía que hablar con él. De alguna manera eso fue una de las cosas más difíciles que jamás he hecho. Le dije: 'Clive, me resulta muy difícil decirte esto, pero he llegado a la conclusión de que no obtengo la satisfacción sexual que desearía. En realidad lo que he hecho es sublimar todo eso, y no estoy dispuesta a seguirlo haciendo. Te propongo invertir los papeles. ¿Cómo te sentirías si durante un mes hiciéramos el amor para mi satisfacción, y tu satisfacción fuera algo extra, si es que llega a ocurrir?"

Obviamente a él eso lo tomó por sorpresa, pero se

puso de acuerdo. Ella dice que los resultados han sido magníficos para los dos. Han confirmado lo que escribe el doctor Norman Lobenz: "No hay mejor protección contra la infidelidad que una vida matrimonial interesante y vital."[1]

Dos años después, cuando Ann reflexionaba sobre esta época, se dio cuenta de que lo que lo hizo más difícil fue que ella pensaba que no había nadie con quien pudiera hablar. ¿Cómo es que ella, siendo una feliz mujer casada, podía haberle dicho a una amiga, mientras tomaba algún bocadillo: "¿Cuán a menudo tienes orgasmos?" Cuando estaba explorando nuevos sentimientos sexuales, se sintió muy aislada, porque parecía no haber nadie con quien ella pudiera hablar de su sexualidad.

Cuando no hablamos de las cosas que están en nuestra mente, tendemos a obsesionarnos con ellas. Y cuando las personas no hablan de sus sentimientos, tienden a tener impresiones falsas de la vida de uno y otro. Para la mujer soltera o para la mujer que cuestiona su vida sexual, todas las parejas que se sientan en los bancos de la iglesia a su alrededor, parecen ser muy felices en su matrimonio. Ella no sabe que Don y Linda han discutido durante semanas por el dinero, o que Frank y Sara han tenido dificultades sexuales hasta el punto de que no han tenido relaciones durante seis meses. Hablar con otros nos puede ayudar a mejorar la perspectiva de nuestra vida, escapándonos de lo que nos ha dicho el mundo.

No debemos sorprendernos de que el sexo propicie tentaciones para la mujer cristiana. No se les alienta a las mujeres cristianas a reconocer sus sentimientos sexuales. Entonces somos bombardeadas por los medios de comunicación que promueven el sexo en la adolescencia. Una vida sexual activa es la norma en los

---

1 Foster, *Money, Sex, and Power*, p. 140.

anuncios, comedias, novelas y películas. Las novelas góticas llegan a su culminación cuando el héroe activo y rico hace que la heroína sucumba. No sólo se presenta el sexo de una manera cruda, sino que se hace parecer que la satisfacción a través del sexo se alcanza fácilmente. A pesar de que los estudios médicos indican lo contrario, los medios de comunicación muestran orgasmos múltiples y simultáneos como la norma entre las estrellas de cine y de televisión con cuerpos perfectos.

Estas distorsiones nos dejan poco preparadas para lidiar con el poder de nuestra sexualidad. Pensamos que no debiéramos tener sentimientos sexuales tan poderosos. Cuando estamos abrumados por estos sentimientos, nos sentimos tentadas a buscar el "sexo libre", sexo que no requiere el compromiso tan costoso que el Nuevo Testamento iguala con el volvernos una sola carne.

Distorsión 5: Hay sexo libre

Pat vivió durante ocho años con un hombre antes de convertirse al cristianismo. El pasado de su familia había sido sacudido por el alcoholismo, y ella tenía sólo veintiún años cuando conoció a Ben. Pat aprendió una lección muy importante de su experiencia sexual con este hombre: no hay "sexo libre". Cuando me habló de los años que estuvo tratando de liberarse de esta relación en la que vivieron juntos, me describió el rompimiento como algo extremadamente traumatizante, casi como un divorcio.

"Yo sabía casi desde el primer año, posiblemente desde aquel primer verano, que mi relación con Ben no iba a funcionar. No éramos buenos el uno para el otro, pero estábamos tan enredados que me tomó otros siete años poderme salir de ese enredo. Entonces decidí que nunca más me relacionaría físicamente con alguien fuera del matrimonio."

Durante su ministerio en la tierra, Jesús tuvo que tratar con varias mujeres que habían usado su sexualidad para elevar su autoestima, su poder. La respuesta de Jesús a la mujer promiscua junto al pozo, fue decirle cómo podía encontrar el "agua viva" que satisfaría su profunda sed. Jesús rescató a María Magdalena y se hizo su amigo. En cuanto a la mujer sorprendida en adulterio, Jesús les mandó a los que la estaban condenando que se fueran, y a ella le dijo: "Vete, y no peques más."

El sexo es una fuerza que amarra a las mujeres. En un momento inoportuno, o con el hombre inadecuado, el sexo puede atar a una mujer. Pat es la prueba viviente de la certeza de la Biblia en su punto de vista sobre el sexo. El sexo premarital no es correcto, no porque el sexo sea algo maligno, sino porque es muy poderoso. Como señalaran Evelyn y James Weatherhead, es difícil mantener el sexo en un plano casual, porque viene acompañado de muchas cosas más.[1] Las relaciones sexuales afectan la perspectiva de la pareja involucrada, y los pueden llevar a perder años, o quizás hasta desperdiciar toda su vida.

1 Weatherhead y Weatherhead, *A Sense of Sexuality*, p. 33.

CAPÍTULO 10

Estancándonos en nuestra insatisfacción

Estaba en California visitando a Kris, que tenía muchos deseos de casarse. El sábado por la noche, ella y yo estábamos conversando en su apartamento cuando me dijo, con lágrimas corriéndole por las mejillas: "Sabes, me cuesta trabajo no envidiarte tu esposo, tu familia y tu hogar. Tengo casi cuarenta años y me siento incompleta. No sé qué he hecho mal, y a veces pienso que he sido obediente a mi fe cristiana y así he sido pagada. Pero este sentimiento dentro de mí, de querer algo con vehemencia, y ver a otras personas que lo dan por sentado . . . a veces me consume."

A la mañana siguiente, Kris y yo nos sentamos juntas en la iglesia. La lectura fue de 1 Pedro 2:1. "Desechando, pues, toda malicia, todo engaño, hipocresía, envidias, y todas las detracciones . . . " Kris me miró y puso en blanco los ojos. "Si fuera así de fácil — me dijo —. Si tan sólo pudiera meter mi envidia en un armario, o quizás dejarla almacenada en algún lugar. ¿No sabía Pedro que nadie *quiere* sentir envidia? Nadie escoge ser envidioso."

La envidia es una tentación poco atractiva. La avaricia, la lujuria y la glotonería, por lo menos ofrecen algún placer tangible (aunque efímero), antes que vengan los sentimientos de culpa. La envidia, en cambio, sólo parece ser negativa, dolorosa, diseñada para hacernos sentir mal y culpables. La envidia puede ser un problema de mayor envergadura para una mujer, y puede llenarnos de tales remordimientos que nos sintamos incapacitadas por nuestros sentimientos.

La envidia a menudo incapacita a las mujeres: la soltera frustrada, la esposa envidiosa de un marido adúltero, la mujer que envidia los hijos o los nietos de otra mujer. Cuando pensamos en la envidia, la asociamos más con las mujeres que con los hombres. "Si mis hijos me hubieran escuchado, hoy serían graduados de la universidad como los tuyos." "Si por lo menos pudiera tener un bebé." "Ella no merecía ese ascenso (o esa beca) tanto como yo."

¿Por qué tiene la envidia que ser un problema más propio de las mujeres que de los hombres? Quizás porque hemos tenido menos oportunidades de determinar qué es lo que realmente queremos, menos oportunidades de hacer planes para obtener lo que queremos. Las mujeres siempre han sido las que han observado y las que han esperado: "Vendrá un hombre a pedirme que me case con él?" "¿Regresará mi esposo (o mi hijo) de la guerra?" "¿Quedaré embarazada este mes?" "¿Cuándo llegará el bebé?" Puesto que en muchas situaciones hemos sido las observadoras, las que hemos esperado, y no las que hemos tomado la acción, somos tentadas a envidiar a las que tienen lo que nosotras deseamos tan desesperadamente.

¿Qué debemos hacer, de acuerdo con la Biblia, con respecto al problema de la envidia? La Biblia habla de otras tentaciones (Marcos 7:22; Romanos 1:29; Gálatas 5:21; Tito 3:13; Santiago 3:14). Pablo escribe que "el amor no tiene envidia" (1 Corintios 13:4) y en el libro de Gálatas incluye la envidia junto con las obras de la carne. Pero hay algunas soluciones para la envidia. Muchos de los proverbios sugieren que no sintamos envidia (Proverbios 23:17), y como hemos visto, Pedro les dice a los cristianos que la dejen a un lado.

La envidia surge casi siempre en las mujeres que se sienten indefensas, que se sienten víctimas de las circunstancias. ¿Cómo podemos poner la envidia a un lado si desde un principio nunca la invitamos a que tomara un lugar en nuestra vida? ¿Cómo podemos lidiar con ese sentimiento que parece salir del centro de nuestra alma, con un gran poder destructivo? Pasar por alto la envidia no funciona. Si la echamos a un lado sin mirar qué nos está diciendo sobre nosotras mismas, a la corta o a la larga volverá a asomar su cabeza.

Reconociendo nuestra envidia

Primero, debemos reconocer la envidia que pueda haber en nuestra vida. La envidia no es siempre de intensidad igual; va desde el deseo de herir a alguien, hasta la autoabominación, el resentimiento y la codicia. A veces la envidia puede estar muy relacionada con la admiración por otra persona, y hasta querer emularla.[1] Pero la envidia también tiene una fuerza destructiva que es muy dolorosa; es entonces que parece que trata de destruir nuestra vida.

¿Cuáles son las señales de envidia en nuestra vida? Piense si éstas que están en la lista le son familiares:

1. Siento dolor por el éxito de otra persona.
2. Me comparo con alguien que tiene más éxito que yo, y eso me hace sentir mal.
3. Siento que merezco lo que envidio.
4. Trato de desacreditar a las personas de éxito, diciendo chismes de ellas o hiriéndolas.

---

1 Betsy Cohen, *The Snow White Syndrome: All About Envy (Nueva York: Macmillan, 1986), p. 21.*

5. Trato de evitar reconocer el éxito de otras personas.
6. Trato de obtener ventajas de las pérdidas de otras personas.[1]

Hay distintas cosas que nos pueden hacer sentir envidia. Quizás una buena amiga tiene un bebé cuando nosotras no tenemos hijos; quizás nuestro vecino se compró una cabaña frente a un lago cuando nosotros estamos luchando por poder pagar la hipoteca de la casa; quizás nuestra compañera de cuarto de la universidad conoce al hombre de sus sueños mientras que nosotras no tenemos ni un amigo con quien salir.

Tal vez no sepamos que somos envidiosas hasta que nos encontramos chismeando de alguien (cuando pensamos en chismes, también pensamos en las mujeres, a lo mejor por las normas culturales tan fuertes en contra de que las mujeres triunfen). "Bueno, están nadando en oro, ellos pueden darse esos lujos; aun así, uno se pregunta de dónde habrán sacado el dinero, ¿verdad?" "Sus hijos parecen ir bien ahora, pero puedes estar segura de que al final de la jornada lo único que producen las escuelas privadas son esnobs."

Otras veces la envidia sale a la superficie como un sentimiento que nos sorprende. Una amiga adopta un nuevo papel y me doy cuenta de que me siento muy extraña con eso. Cuando reflexiono me doy cuenta de que los sentimientos son la envidia agravada por la culpabilidad por tener envidia. La envidia puede causar tremendos conflictos entre amigos.

Una amiga muy cercana y yo fuimos mamás a la vez por muchos años, y llevábamos a nuestros hijos al parque juntas, horneábamos galletitas para ellos, y jugábamos con plastilina todos juntos. Entonces llegó el momento en que pensé que debía volver a la universidad y comenzar a

---

1 Ibid., pp. 17-19.

enseñar. Mi decisión causó serios conflictos en nuestra relación, hasta el punto en que nos era difícil estar juntas. Ella empezó a pensar que yo no estaría interesada más en nuestros viejos intereses mutuos. Si yo mencionaba una asignatura que estaba enseñando, o un curso que estaba tomando, me daba cuenta de que la estaba entristeciendo y entonces cortaba ese tema.

Cambiar de papel a menudo crea tirantez en una amistad, y la raíz de este conflicto es la envidia. Nos sentimos más cómodos si todos permanecemos iguales, si nadie en nuestro grupo de amistades decide hacer algo diferente, si nadie comienza a ver nuevas posibilidades. Puesto que a las mujeres nos ha faltado una gama de opciones, tal vez nos sintamos amenazadas cuando alguien que conocemos cambia para una nueva actividad, o su vida toma otro giro, dejándonos atrás. Eso es envidia.

Mi amiga pudiera haber envidiado mis nuevos horizontes, mi trabajo, mi independencia relativa. Yo envidiaba la vida de mi amiga que me parecía que era como en los viejos tiempos en que tenía tiempo para hornear el pan. También la envidiaba por no tener que contribuir a ganar dinero para la familia.

Aprendiendo de nuestra envidia

Por lo general, los sentimientos de envidia simplemente aparecen; nunca decimos: "Sí, me voy a volver envidiosa. ¡Envidia, allá voy!" Pero después de reconocer la envidia en nuestra vida, tenemos que detenernos y preguntarnos por qué estamos sintiendo envidia. Si podemos encontrar las raíces de la envidia, nos daremos cuenta de que nos está indicando algo importante sobre nuestra vida. Entonces podemos comenzar a poner la envidia a un lado.

Es obvio que mi amiga y yo teníamos que tratar este asunto muy seriamente. Tuvimos que hablar de la situación y aclarar nuestro conflicto entre las dos.

Se pueden aprender muchas cosas si observamos las raíces de la envidia.

La envidia nos muestra lo que realmente queremos

La envidia puede ser un indicador emocional que nos ayude a estar en contacto con lo que pensamos en realidad. Cuando nos sentimos envidiosas, y antes de comenzar a sentirnos culpables, nos debemos preguntar: "¿Qué me está diciendo la envidia con relación a lo que quiero realmente?"

Una semana después de mi conversación con Kris en la iglesia, yo caminaba con mi esposo y mi perro en la primera tarde de tiempo primaveral de aquel año.

—Sabes, Ernie —le dije—, he experimentado envidia, pero no estoy segura si he experimentado envidia como la de Kris; ella me dijo que a veces la envidia se la come. Es sólo porque yo soy muy afortunada . . . tú sabes, he sido bendecida con dos piernas que me funcionan bien, y una familia que no me ha abandonado todavía.

—¿Cuándo te has sentido envidiosa? —me preguntó Ernie.

—Pues bien, me sentía realmente envidiosa cuando me tocaba llevar a varios niños del vecindario a la escuela en mi auto y dejaba a Billy en su casa. La empleada de la limpieza ya había pasado por allí, y todo estaba que brillaba, los pisos relucientes; yo sabía que tenía que irme a casa, donde estaba todo sucio, y no tenía deseos de hacer ningún trabajo doméstico. Yo no podía pagar una empleada de limpieza, pero Beth sí podía porque trabajaba a tiempo completo fuera del hogar y yo no. Aunque yo había escogido hacerlo así, no podía evitar sentirme envidiosa.

—¿Entonces qué hiciste? —me preguntó Ernie mientras el perro nos llevaba por la acera.

—Ahora que pienso acerca de eso, me doy cuenta de que odiaba aquel sentimiento de envidia. Me hacía sentir impotente, de manera que comencé a pensar en qué podía hacer. Decidí que yo resentía las horas que pasaba repartiendo los distintos niños en sus respectivas casas, de manera que resolví que tomarían el bus de la ciudad el próximo curso. También decidí que como los niños estaban en la escuela, yo quizás me aburría un poco, y tomé un trabajo a tiempo parcial y usé una parte del dinero en contratar a una estudiante que me limpiara la casa cada dos semanas. Pero eso fue fácil; estas eran cosas que yo podía resolver.

Pasamos por delante de unas lilas en flor, y Ernie me preguntó:

—¿En qué otras oportunidades has sentido envidia?

—Cuando la gente va a Europa y regresa hablando de los museos a los que han llevado a sus hijos. Me vuelvo a sentir un poco envidiosa, porque me encantaría llevar a los niños a Europa. Pero hay algo engañoso en la envidia. Veo el viaje, pero se me olvidan las largas horas que trabajan las personas, aun en el más maravilloso día de la primavera. También se me olvida que ellos han tomado otras decisiones con respecto a sus prioridades, diferentes a las que nosotros hubiéramos hecho. Mi envidia por los viajes de los demás no se me quita, porque todavía me siento un poco envidiosa, pero cuando me detengo a pensar en las cosas que hemos priorizado, y las otras cosas que tengo, entonces no me siento tan víctima. Pienso que quizás veamos sólo una parte de la vida de las personas, y esa es la que envidiamos, y nos olvidamos del resto que no envidiamos para nada.

Debemos mirar claramente qué nos está indicando la envidia que esté presente en nuestra vida. Nos ofrece la oportunidad de que nos preguntemos qué es lo realmente importante para nosotras. A veces consideraremos nuestra envidia y seremos capaces de hacer algo al respecto, como hice con la persona para la limpieza. A veces miraremos a nuestra envidia y veremos que nos muestra las cosas que hemos priorizado; nada habrá cambiado, pero por lo menos no nos sentiremos víctimas de las circunstancias. Otras veces la envidia indica que tenemos los valores equivocados.

Cuando me doy cuenta de que estoy envidiando a otra escritora por el éxito que ha tenido publicando sus libros, concluyo que debiera invertir más tiempo en escribir. Pero también tal vez eso me haga darme cuenta de que estoy deseando tener un éxito exterior, que estoy muy preocupada con lo que piensan los demás, y que necesito estar más tiempo con Dios y buscar el centro de mi vida con Él. Mi envidia es como un detector de humo: necesito chequear y ver qué me quiere decir con respecto a lo que realmente me importa; tal vez alguno de estos valores necesite cambiarse.

A veces la envidia indica algún dolor desesperado por una situación que no podemos cambiar. La dolorosa envidia de una pareja sin niños que se encuentra con alguien que tiene un bebito, parece ser algo abrumador. Tal vez esta sea la señal de que ellos deben seriamente considerar la adopción de un niño. Para mi amiga la soltera, la envidia puede ser una señal de que ella todavía desea casarse, mucho más de lo que ella pensaba, y de que este es un problema que ella tiene que enfrentar y resolver. Tal vez necesite hablar con un consejero para analizar algunas de las complicaciones emocionales que se esconden en su deseo. Tal vez necesite cambiar su estilo de vida de manera que pueda establecer amistades duraderas que satisfagan su necesidad de intimidad. Es necesario que nos preguntemos qué significa nuestra envidia para saber qué queremos.

La envidia nos indica lo que hemos tenido miedo lo desear

La satisfacción es lo opuesto a la envidia, pero no podemos alcanzarla sin reconocer antes lo que la envidia nos está indicando con respecto a lo que queremos, o quizás, con respecto a poder querer en absoluto.

Cuando acabábamos de mudarnos a Minnesota, mi esposo llevaba el automóvil al trabajo todos los días. Nuestros dos hijos luchaban por adaptarse a un nuevo país, al invierno de enero en Minnesota después de un verano de enero en África del Sur. El bebé tenía cólico y gritaba muchísimo. Un día una miembro de la iglesia me recogió y me llevó a su casa para tomar té. Su hija mayor llevó a los niños para otra parte de la casa, y me senté allí deleitándome del silencio y de la conversación entre adultos. De pronto me di cuenta de que estaba envidiando a esta mujer, su preciosa y placentera casa, el tiempo que tenía para sí misma. La envidia me dolía.

Si me hubiera preguntado qué significaba esa envidia, me habría dado cuenta de que indicaba que yo quería tener un poco de tranquilidad y tomar algún tiempo para mí. Pero en ese momento yo ni siquiera podía reconocer ese deseo. Se me había enseñado que como madre no debía querer nada para mí misma, sólo lo que era mejor para mi esposo y para mis hijos.

Los psicólogos han dicho que uno de los factores principales detrás de la envidia es que a las mujeres *se les ha enseñado a no querer nada.* Las mujeres sienten que es algo ilegítimo desear o pedir cosas. No se me hubiera ocurrido pedirle a mi esposo un par de horas para mí. Muchas mujeres han aprendido que su papel es simplemente hacer felices a los demás, y que cuando sienten envidia es porque son malas e indignas. Por lo general, no hay nada de malo en desear, y de seguro hay que tomar en cuenta nuestros deseos.

Parte del problema de Kris en aceptar su soltería y su envidia por sus amigas casadas, es que creció en un hogar donde las mujeres no deseaban nada. La mamá de Kris facilitaba el ministerio de su esposo y la crianza de los hijos. Ella no hubiera sabido decir: "No quiero mudarme de nuevo; quiero quedarme aquí", o: "Quiero que estés más disponible desde el punto de vista afectivo", o: "Quiero una mañana para mí." La mamá de Kris no sabía realmente desear.

La envidia de Kris tal vez le haya resultado más difícil porque a ella le cuesta ser tan pasiva como su mamá. Le es muy difícil sentarse y esperar para que el Señor (quizás) le mande un hombre. Su deseo la hace sentirse culpable. La envidia puede indicar un conflicto muy profundo que enfrentan las mujeres en cuanto a desear.[1]

No sirve para nada fingir que no queremos nada, aun cuando se nos pida que sacrifiquemos ese deseo. Digamos que en la universidad donde enseño, una de mis colegas publique un libro que se hace famoso, en un cierto campo. Supongamos que llega a ser conocida como una experta en ese asunto y que tiene que viajar muchísimo para dictar conferencias. En la oficina de nuestro departamento las personas comienzan a quejarse y a chismear de esta colega diciendo que ella no es tan brillante, que posiblemente esté descuidando a su prometido, y que viajar tanto no debe ser bueno para una persona. Esa actitud es envidia; los que no fueron premiados o reconocidos dirán molestos: "Bueno, yo no hubiera querido eso de todos modos; no fue muy bueno."

Esa actitud nace de la envidia e indica varias cosas sobre los colegas en cuestión: (1) No pueden admitir que son envidiosos, porque eso suena como algo malo y es

---

1 Eichenbaum y Orbach, *Between Women*, p. 108.

algo de lo que nunca se habla. (2) Desean lo que la otra colega tiene; tal vez eso les indique algo con respecto a sí mismos, sus metas y sus planes. (3) Desaprueban a la colega exitosa por haber deseado y alcanzado algo.

Dejando a un lado la envidia: admitiendo nuestras limitaciones

Después de reconocer nuestra envidia, y ver lo que nos quiere decir con respecto a lo que queremos, y cómo nos hemos sentido acerca de desear, necesitamos encontrar maneras de "dejar la envidia a un lado". A veces necesitamos reconocer que nuestros deseos no son legítimos ni realistas. El pecado de Eva en el jardín del Edén probablemente tenía que ver con la envidia. Ella quería salirse de sus limitaciones, y eso es imposible. Cuando nos ponemos en contacto con nuestra envidia, tal vez nos demos cuenta de que tenemos el deseo de vencer nuestras limitaciones, y queremos tenerlo todo. Esta es quizás la tentación más contemporánea que enfrentan las mujeres. Recientemente, se les ha alentado a las mujeres a creer que pueden ser supermujeres y "tenerlo todo", que pueden tener carreras donde se sienten realizadas, familias maravillosas, cuerpos en forma, casas y jardines preciosos, muchas amistades, y una vida intelectual estupenda. Si ya hemos descubierto la imposibilidad de hacerlo todo, tal vez envidiemos a otras que tienen algo que nosotras no tenemos, sin darnos cuenta de que a ellas a su vez les falta algo que nosotras sí tenemos.

Necesitamos chequear regularmente nuestras prioridades, y preguntarnos lo que es importante para nosotras, decidiendo si estamos gastando el tiempo de acuerdo con eso.

Los medios de comunicación tienen una gran parte en promover la envidia. Los programas de televisión y los anuncios pueden enfocar nuestra atención en ciertas partes de la vida de otras personas, y entonces las envidiamos. Si pensamos un poco al respecto, los anuncios se basan casi exclusivamente en la envidia, sugiriendo que "usted merece lo que esas personas tienen". Los medios de comunicación también dividen, de manera muy eficaz, la vida de las personas. Vemos a una mujer en un tremendo automóvil deportivo, pero no nos dicen que vive en un apartamentito de dos habitaciones con tremendas cuentas sin pagar, que pelea con su esposo todos los días y que sufre de esterilidad.

Necesitamos arrepentirnos de la actitud que adoptamos hacia los demás como resultado de la envidia. La envidia está relacionada con la competencia, lo cual es algo central en nuestra cultura. Las maestras califican a los estudiantes basándose en una curva que les permita a todos los miembros de su clase saber cómo se están desarrollando en comparación con los otros. Eso da como resultado que haya alumnos envanecidos y otros envidiosos. Las personas luchan para ocupar el rango más alto en las corporaciones; algunos llegan más alto que otros, y eso trae como consecuencia que algunos sean engreídos y otros envidiosos. Los padres estimulan a los hijos a que sobresalgan en las Ligas Menores, el sistema de música Suzuki, los exploradores, o la puntuación en los exámenes preuniversitarios. Algunos niños obtienen mejores calificaciones que otros y, como ya hemos dicho, los resultados son la envidia y el engreimiento, tanto para los niños como para los padres.

El espíritu de competencia que es tan típico en nuestra sociedad, puede estar detrás de nuestra envidia y de nuestro temor, de acuerdo con Henri Nouwen. Creemos que hay una cantidad limitada de cosas; si no las conseguimos nosotros, otro las conseguirá. ¿Por qué debieran ellos obtener cierta cosa si no la puedo tener yo? El espíritu de la competencia implica que hay un Dios diferente al que da tan generosamente.

La envidia nos separa de los demás; siempre nos mantenemos a distancia de los que envidiamos por la fuerte envidia que sentimos por ellos. Después de admitir nuestros sentimientos y confesarlos a Dios, necesitamos hablar con nuestra hermana o hermano: "Me temo que me he distanciado de ti desde que te comprometiste. No podía soportar la envidia. Me doy cuenta de cuánto desearía casarme y de lo incompleta que me siento sin un esposo. Estoy tratando de mejorar eso, pero quería hacértelo saber y pedirte perdón." Tenemos que encontrar una perspectiva: la perspectiva de Dios en nuestra vida.

Poniendo a un lado la envidia: la actividad versus la pasividad

Podemos también analizar para ver si hay cosas que podamos hacer para salir de un estado de pasividad, donde envidiar, o tratar de no envidiar, parecen ser las únicas opciones. En pocas palabras, podemos tratar de volvernos agentes activos mejor que ser víctimas pasivas de las circunstancias de la vida.

Por ejemplo, cuando mi horario está repleto de enseñar y de escribir, y una amiga me cuenta de lo bien que la pasó por la mañana con su hija, siento envidia. Entonces necesito detenerme a pensar: "¿Qué me está señalando eso con respecto a lo que realmente quiero? ¿Estoy en un círculo del cual deseo salirme? ¿Será posible salirme de eso?" Quizás la envidia que siento por el tiempo que pasa mi amiga con su hija me anime a estar más tiempo con mi propia hija.

A veces, como en el caso de encontrar una persona que me limpie la casa, es posible darme cuenta de que puedo hacer algo por mi propia envidia. En otros casos, como cuando envidio los viajes de otras personas a Europa, no hay nada que pueda hacer. De seguro sería muy agradable poder viajar con los niños. ¿Es eso algo posible para mí? No, a no ser que decida cambiar totalmente la forma en que vivo, lo cual no deseo hacer. En este caso decido vivir con punzadas de envidia. Para mí, vivir con esa pena me mantiene alejada de sentirme como una víctima de las circunstancias. Me convierto en un agente activo. Cuando me entero de que alguna familia va a hacer un viaje, contrarresto mi envidia con este razonamiento: "Sí, sería fantástico que nosotros pudiéramos viajar también; pero hemos tomado algunas decisiones con respecto a la vida de familia que queremos tener, las escuelas a las que mandamos a los niños, todo lo cual nos hace imposible por ahora un viaje como ese."

Liberándonos de la envidia

Mi amiga Kris estaba destruida por la envidia que sentía hacia las personas casadas. ¿Cuál fue su reacción?

Primero reconoció su envidia y la admitió ante sí misma y sus amigas; se volvió un tema de conversación legítimo, y perdió todo el misterio que rodeaban sus sentimientos antes que ella los admitiera y expresara. Kris aprendió una lección. Reconoció las enseñanzas erróneas que se le habían inculcado, que desear cosas, sin mencionar pedirlas, era algo muy egoísta, exigente y no realmente cristiano. Encontró una guía espiritual (una cristiana muy sabia y madura que la aconsejaba y oraba con ella) y se reunió con ella por más de un año. Kris encontró que podía hablar abiertamente con esta persona, y ella la ayudó a darse cuenta de que parte de su problema era que ella había crecido suponiendo que tenía que aceptar todo lo que la vida le pusiera en el camino, mientras esperaba pasivamente a que las cosas sucedieran por sí mismas. La guía espiritual dijo que estaba bien que Kris tuviera deseos, y que no debía sentirse poco espiritual ni avergonzada de ellos. Kris también reconoció que parte de su envidia se basaba en un sentimiento de que quizás Dios no había sido justo con ella.

También la consejera sugirió que Kris debía buscar a un esposo de manera activa. Kris puso un anuncio en un periódico para cristianos solteros. Después de las primeras citas, se sorprendió al darse cuenta de que había aceptado su soltería mucho más de lo que ella pensaba. Saliendo con estos hombres, y consciente de que podía escogerlos de una manera activa, empezó a ver su vida de un modo diferente. Donde antes se había enfocado en lo que parecía ser un vacío en su vida, especialmente cuando veía las cosas a través de la luz de los medios de comunicación que implican que una mujer no es nada sin un hombre, comenzó a ver que había mucho que ella valoraba en su vida. En realidad, había amistades y una carrera a las que ella no quería renunciar a cambio de un matrimonio. Se dio cuenta de que aunque envidiaba el matrimonio de sus amigas, con la compañía y la intimidad que trae consigo, ella tal vez no hubiera sido realista. Ya no estaba segura de que quería el matrimonio con todo lo que conlleva.

Durante este proceso, Kris me telefoneó desde California y me dijo que sentía mucho el tiempo que se había mantenido alejada de mí por la envidia. También me dijo que había confesado su enojo con Dios y que se había arrepentido de su falta de confianza en Él. Al encarar su envidia, aprendió mucho acerca de sí misma. Aunque tal vez todavía experimente alguna envidia, ésta no controla su vida. Reconociendo la envidia, escuchando qué le tiene que decir, arrepintiéndose de ella y actuando, ha encontrado modos de superarla.

PARTE III

Construyendo una vida santa

CAPÍTULO 11

La solución rápida o la vida santa

Nuestra sociedad quiere todo ¡AHORA! Queremos el puré de papas instantáneo en tres minutos, que se mande el artículo por facsímil (preferiblemente desde el automóvil), que nuestra orden por catálogo nos llegue por correo expreso, que vuelvan a trasmitir los juegos de fútbol de inmediato. Desde las compras hasta las actividades sexuales, nuestra cultura prefiere tener placer ahora, y pagar luego.[1] Las revistas no publican artículos tales como "Tenga un abdomen plano en veinte años" o "Venza cinco malos hábitos en treinta y cinco años".

De manera similar, dentro de las iglesias no nos sentimos entusiasmados por las oraciones por la pareja de una finca de Nebraska, año tras año, cuya hija ha tomado el camino errado. No queremos enterarnos del fiel servicio que está desempeñando el pastor de una iglesia que está creciendo *lentamente* en tamaño y dedicación. Quisiéramos saber de las iglesias que tienen siete cultos y diez empleados que trabajan a tiempo completo. Nuestro saludo cordial "¿Cómo les

---

1 Harry Blamires, *Recovering the Christian Mind: The Challenge of Secularism* (Downers Grove, Illinois: InterVarsity Press, 1988), p. 134.

va?" se vuelve forzado cuando vemos que la depresión de nuestra amiga se prolonga, o que el problema de esterilidad de una pareja no "se resuelve". Las comedias de televisión presentan crisis que se resuelven en treinta minutos.

Santidad rápida

Sabemos que Dios podría solucionar nuestros problemas (o santificarnos totalmente) en veinticinco minutos (y si aceptara nuestro consejo, lo haría).

Las soluciones rápidas son muy populares en nuestra sociedad, de manera que queremos una solución rápida que traiga una vida santa, ¡y la queremos de inmediato! Es frecuente que los oradores cristianos y los escritores sugieran soluciones instantáneas.

Durante una conferencia en Georgia, hablé con una mujer cristiana que estaba muy amargada por el modo en que, según ella, la había maltratado la vida. Después de una arenga en la que se reivindicó, me dijo: "Bueno, así es como soy. Eso no lo puedo cambiar." Un momento después me estaba diciendo que quería que las personas tuvieran conversiones dramáticas, sanidades, experiencias con el Espíritu Santo.

Es muy fácil sustituir la "gratificación instantánea" producida por experiencias espirituales dramáticas, por la larga y ardua labor de lidiar con experiencias dolorosas pasadas y traerlas a Dios, cultivar los frutos del Espíritu y construir una vida santa. Aunque la Biblia aborda el crecimiento del cristiano de una forma realista y como algo a largo plazo, sucede que a menudo los líderes de la iglesia tratan de usar atajos.

Una de las soluciones rápidas para corregir el mal comportamiento es el miedo. El miedo es una motivación muy eficaz, aunque no sea agradable.

Buena conducta rápida

Cuando yo tenía trece años, vivíamos en un pueblecito del este de Washington. Nuestros vecinos de al lado tenían tres niños pequeños: Eddie de tres años, Rick de cinco, y Ruth de siete. Fui su niñera por un corto tiempo.

La segunda vez que los cuidé les enseñé a jugar a "esconder el botón". Eddie, el de tres años, gritaba cuando no le tocaba esconderlo. Ruth se viró a él y le dijo:

— Eddie, acuérdate de la pistola.

Eddie se puso pálido y abrió mucho los ojos.

— No, no — dijo.

Ruth le contestó:

— Te tranquilizas o la voy a traer; ¿oíste?

Comenzó a llorar y a gritar de manera histérica. Ella corrió a la cocina mientras Eddie la agarraba y suplicaba:

— No, pistola no necesitas . . . Eddie bueno ahora.

Ruth tomó una silla de la cocina y la puso delante de la alacena sobre el horno. Quitó una pila de revistas *Playboy* que estaban allí escondidas y sacó la pistola, disfrutando de su poder. Se la quité y la miré.

— No es una pistola de verdad, pero papá ha convencido a Eddie de que sí lo es — me dijo al oído de forma conspirativa.

Todavía tenía yo la pistola cuando miré a Eddie. Me abrazó las piernas sollozando:

— No me tires, no me tires. Voy a ser bueno.

Como un modo de producir una conducta ejemplar en Eddie, esta técnica era excelente. Sus padres y su hermana podían lograr que él cooperara inmediatamente amenazándolo con sacar la pistola. Pero a veces me pregunto qué ha sido de Eddie. Cuando leo de asesinatos en serie, casi espero descubrir que el nombre del criminal es Eddie y que es de Kennewick, Washington.

El miedo es una manera muy eficaz de producir un

buena conducta inmediata; otras privaciones también funcionan con los niños, al menos a corto plazo.

Andrea fue adoptada cuando tenía unos pocos meses de nacida; ella quería mucho a sus padres pero tenía un sentido muy fuerte de que tenía que "desempeñar" bien para merecer el amor de sus padres. Cuando niña, estuvo en un internado, y casi siempre se dedicaba a estudiar a la hora de jugar porque temía que su padre frunciera el ceño y le dijera: "Andrea, Andrea, estamos decepcionados porque no obtuviste las mejores calificaciones de la escuela." Ella necesitaba pagarles a sus padres por haberla adoptado. Todavía se siente obligada a sobresalir para merecer su amor.

En la crianza de los niños, las reglas estrictas y las tácticas que usan el miedo, producen buenos resultados de inmediato, pero con las motivaciones erróneas terminamos siempre con resultados erróneos a largo plazo: la inmadurez y la inseguridad. La iglesia también ha utilizado el miedo y las reglas muy estrictas, tanto con sus seguidores como con sus enemigos, amenazando con la condenación y el rechazo eternos.

No queremos que nuestros hijos sean buenos sólo por unos cuantos años sólo porque sepan quién es el que manda, o porque tengan miedo de que les golpeemos el trasero. Queremos que aprendan a vivir una vida responsable y santa, motivados por el amor. De manera similar, necesitamos tener en nuestra propia vida una visión más amplia de la santidad.

El buen comportamiento a largo plazo

Digamos que el nombre del hijo pródigo era Dennis. Recuerde la historia. El padre tenía dos hijos; Dennis es el menor, y es bastante rebelde como adolescente: llega tarde a la casa, toma prestado el automóvil de la familia para salir y lo trae sin una gota de gasolina, y quizás beba más de la cuenta. Por fin se cansa de vivir en la casa con su papá y con el sabelotodo de su hermano mayor, así que se va al estudio del padre y le dice:

— Mira, papi, yo sé que tienes dinero y que cuando mueras yo voy a heredar una parte. Francamente, no quisiera estar esperando. ¿Qué te parece si me dieras mi parte ahora?

El padre va a la caja fuerte que tiene en la pared, la abre, y toma unos rollos de billetes. Los cuenta y le dice:

— Toma, ésta es tu parte.

Dennis salta de alegría. Toma el dinero y le dice:

— ¿Puedo tomar el automóvil viejo también?

— Claro — le dice el padre —. Te voy a extrañar.

Dennis se va, y tira sus cosas en el auto. El padre lo mira desde la ventana, mientras él da marcha atrás y deja la marca de las gomas en la entrada de la casa al salir.

Vamos a imaginarnos una fiesta algunas semanas después. En ella se encuentran el papá de Dennis, y el de Eddie (el que amenaza al hijo con la pistola). Comienzan a hablar mientras comen emparedados de carne asada.

— Cómo está Eddie? — pregunta el papá de Dennis.

— Es un niño ejemplar. Nunca he visto a un niño tan obediente como él. Yo le digo: 'Haz eso', y lo hace al instante. Creo que va a ser muy bueno en matemáticas; quisiera que lo vieras diciendo las tablas de multiplicación con su hermana. Y ¿cómo está Dennis?

— Dennis se ha ido de la casa. Se llevó el auto y su herencia. Dicen que se lo está gastando en licor y prostitutas en Tucson. Espero que regrese, porque lo quiero mucho.

No hay dudas de quién es el mejor padre. El padre de Eddie está viendo un comportamiento ejemplar, mientras que el padre de Dennis está viendo uno de los peores. El comportamiento de Dennis, visto de inmediato, es algo deplorable, pero se vuelve algo magnífico a largo plazo, por lo menos de acuerdo con la historia de

Jesús en el evangelio; y el buen comportamiento de Eddie tal vez no dure mucho.

¿Por qué debemos ser buenos?

Afirmamos que Dios es un amoroso padre celestial. Por lo menos en cierto nivel pensamos en Dios como en un padre, como el padre del hijo pródigo, siempre vigilando el camino, deseando el regreso de su hijo.

Pero como hemos visto, el miedo es un modo muy eficaz para lograr que las personas vivan una vida recta y decente. Se ha promovido muchísimo el buen comportamiento basado en el miedo en las distintas ramas de la fe cristiana.

Una amiga católica me dijo que en la clase de religión le habían dicho que cada vez que ella le mintiera a una amiga, cada vez que le dijera una palabra áspera, estaba en realidad clavando un clavo en las manos de Jesús, una y otra vez. El escritor católico Gerard Hughes comenta la actitud hacia Dios con la que crecen muchos católicos:

> *Dios era un pariente de la familia, muy admirado por mamá y papá que lo describían como un gran amigo de la familia, muy cariñoso, muy poderoso e interesado en todos nosotros. En algún momento nos llevaban a visitar al "buen tío George". Él vive en una gran mansión, tiene barba, es brusco y amenazador. No podemos compartir la admiración de nuestros padres por esta joya familiar. Al final de la visita, el tío George se vira hacia nosotros y nos dice:*
>
> *—Escúchame, querido —y nos mira con severidad—. Quiero verte aquí una vez por semana, y si fallas, ya verás lo que te va a pasar.*
>
> *Entonces nos conduce al sótano de la man-*

sión. Es oscuro y mientras más bajamos, más calor se siente; empezamos a oír gemidos horrorosos. Las puertas del sótano son de acero, y el tío George abre una de ellas.

— Ahora mira adentro — nos dice.

Entonces vemos una visión como de pesadilla, una serie de hornos vigilados por demonios que lanzan al fuego a los hombres, mujeres y niños que no fueron a ver a tío George, o que actuaron de una manera que él desaprobaba.

— Si no me visitas, querido, de seguro de que irás a parar ahí — nos dice.

Entonces nos lleva arriba donde estaban mamá y papá. En el camino a casa, apretando con una mano a papá y con la otra a mamá, ella se inclina hacia nosotros y dice:

— ¿Y ahora no quieres a tío George con todo tu corazón y alma, mente y fuerzas?

Y nosotros, que detestamos al monstruo, le decimos: "Sí mamá", porque decir otra cosa hubiera sido ir directo al horno. A esa edad tan tierna, la esquizofrenia religiosa se ha establecido.[1]

La actitud de muchos protestantes es parecida. En mis primeros años de cristiana viví en un terror mortal de "salirme de la voluntad de Dios". Oí incontables testimonios sobre revelaciones, llamados, y en especial parejas que se habían conocido y habían sabido de inmediato que habían sido concebidos el uno para el otro, todo porque las personas involucradas habían estado en el lugar preciso y en el momento preciso. Si no voy al estudio bíblico esta noche, o a esa conferencia del fin de

---

1 Hughes, *God of Surprises*, p. 34.

semana, ¿quién sabe lo que pudiera pasar? Quizás dejaría de conocer al príncipe azul y mi vida se volvería una miseria.

¿Qué indica esa forma de pensar — que yo pudiera dejar de hacer la voluntad de Dios al no tomar la decisión correcta en un momento determinado — sobre mi actitud hacia Dios? Mi Dios era un padre caprichoso, distante y despótico, que estaba dispuesto a echarme unas cuantas bendiciones, mientras yo estuviera siguiendo todas las reglas y asistiendo a todas las reuniones cristianas que hubiera.

Aquí había un trueque: yo sería amada si era una niña muy, muy buena. Si no lo era, toda mi vida sería arruinada por esa figura poderosa. ¿Por qué cantaba esos coros con tanto entusiasmo: "Yo soy de Él y Él es mío, su bandera sobre mi es amor"? Creo que para muchos cristianos la letra de esos coros es un intento desesperado de convencerse a sí mismos de que el Dios que tememos es bueno.

¿Somos buenas porque estamos asustadas?

Muchas mujeres traen a un tío George a su vida de cristianas; tenemos una imagen de Dios como despótico, autoritario y no totalmente cristiano. Esta idolatría nos atemoriza, de manera que luchamos para vivir una vida verdaderamente santa. Este método de mantenernos "santas" es muy eficaz. Nos puede conducir a que vivamos una vida muy sana exteriormente, al menos a corto plazo. Interiormente, nos puede conducir a un deseo desesperado por ser aceptadas y por sentir que tenemos algún valor.

En el ministerio de Jesús, vemos a muchas personas que fueron amadas y liberadas para pertenecer a Él. Si el Hijo nos liberta, somos libres de verdad, dice Jesús. Jesús habla a menudo en contra del miedo, como señala Henri Nouwen en su libro *Lifesigns* [Señales para la vida]. Una y otra vez vemos en los evangelios que Jesús dice: "No tengas miedo." Esta voz que reafirma, que repite una y otra vez: "No tengas miedo", la oyó María cuando se le anunció el nacimiento de Jesús, las mujeres que encontraron que la piedra de la tumba había sido movida. "¿Por qué ya no hay que temer?" pregunta Nouwen. Porque "el mismo Jesús responde esta pregunta sucintamente cuando se dirige a sus atemorizados discípulos mientras camina sobre las aguas: 'Yo soy; no temáis' " (Juan 6:20).[1]

No debemos tener miedo, no sólo porque Jesús lo repitió una y otra vez, sino por el modo en que vemos a Jesús relacionarse con las mujeres en la Biblia. Cuando hombres religiosos le tiraron a sus pies la mujer adúltera, Él los despidió y le habló a ella: "Ni yo te condeno; vete, y no peques más." Cuando Jesús se encontró con la mujer samaritana, (1) no la apabulló diciéndole sólo que se negara a sí misma y se alejara del pecado; (2) no le proveyó una serie de reglas a seguir, ni tampoco (3) la avergonzó o amenazó con una vida destruida.

Lo que sí hizo Jesús fue (1) honrarla como persona hablándole y tratando de saber más sobre su vida, (2) tratando de ver cuál era su problema y dejando bien claro que su pecado era inaceptable, y (3) ofreciéndole el agua viva que verdaderamente podía satisfacer su sed desesperada de amor incondicional.

Jesús no pasó por alto el pecado de esa mujer, pero vio la necesidad que ella tenía y le ofreció algo que le podría ayudar a construir su vida.

Es difícil imaginarse a Jesús diciéndole a la mujer samaritana: "Mira, deja de acostarte con ese hombre o si no tu vida va a ser más desastrosa de lo que ya es, y yo no seré tu amigo, además de que nunca podrás hacer

---

1 Nouwen, *Lifesigns*, p. 21.

nada que valga la pena en tu vida. ¿Tienes hijos? Bueno, pues ellos también serán un desastre." Jesús trató el problema de esa mujer como algo sintomático de su necesidad mucho mayor de entereza a través de Dios. Él vio en ella una necesidad desesperada de amor y aceptación, y llenó esa necesidad.

Construyendo una vida

Cuando nuestro hijo mayor, Andrew, tenía dos años, mi esposo y yo leímos un libro que exhorta a desarrollar una relación de amor con un hijo a largo plazo. En su libro *Si amas a tu hijo*,[1] Ross Campbell escribe que es frecuente que el mal comportamiento de un niño se manifieste como un signo de inseguridad que dice: "¿De verdad me quieres?" Antes de lidiar con los síntomas de una mala conducta, los padres deben encontrar la manera de rodear a su hijo de amor. Campbell sugiere que haya contacto físico, contacto a través de la mirada, y que se pase algún tiempo a solas con nuestros hijos. Durante más de once años, mi esposo ha llevado a Andrew a desayunar fuera todos los sábados.

Construir una vida santa requiere dos cosas: amor (que es lo opuesto al miedo), y tiempo. Construir una vida santa requiere años de labor, igual que criar a un niño. Construir una vida santa es como mantener una relación de amor constante en la cual estamos íntimamente involucrados, respondiéndole a nuestra pareja. Es como la vida de familia en la que somos responsables de nuestra parte, pero los demás nos ayudan y nos desafían. Como en la vida de familia, también cometeremos errores, nos caeremos, pero otros nos ayudarán a levantarnos de nuevo y nos alentarán a seguir adelante.

---

1 Ross Campbell, *Si amas a tu hijo*, (Miami: Editorial Betania, 1985).

CAPÍTULO 12

El callejón sin salida: legalismo o desenfreno

Kim está muy contenta con su vida cristiana. Le gusta tener oportunidades para hablar de su fe cuando está trabajando como camarera o cuando vende muebles. Asiste a un grupo de estudios bíblicos, donde está comenzando a tomar un papel de líder tanto en los estudios como en la adoración y las oraciones. Los domingos ella conduce el culto con su ministerio de música en la iglesia, y a menudo dirige a la congregación en las oraciones. Pero la cualidad de Kim que más se destaca es muy difícil de describir. Ella parece sentirse muy "libre", contenta de ser lo que es, con su pequeño apartamento, sus empleos, satisfecha de crecer en una comunidad cristiana de personas que se preocupan por ella. Kim tiene confianza en sí misma, es simpática, inteligente y santa. Ella me recuerda la historia que Mateo cuenta sobre la mujer que vino a Jesús con una vasija de alabastro y la rompió para mostrarle a Jesús su amor (Mateo 26:7-13). Sentimos júbilo cuando nos entregamos completamente a Dios. Eso consiste en dirigir nuestro corazón hacia donde se encuentra el verdadero amor.

Kim no ha sido siempre así; en realidad, ella alcanzó esta liberación cuando tenía casi treinta y cinco años de edad. En años anteriores había probado los siempre populares sustitutos de la libertad: el legalismo y el desenfreno. Ahora ha encontrado una verdadera liberación a través de pertenecer responsablemente a una comunidad cristiana. (Eso lo vamos a tratar en el próximo capítulo).

El legalismo y el desenfreno son dos callejones sin salida en el camino hacia la santidad y la liberación. Jesús es el modelo que tenemos de libertad cristiana. Él puede liberar a su pueblo de las reglas y del pecado.

El legalismo: No se puede vivir con él

Si tratamos el legalismo como una respuesta a los problemas de criar a nuestros hijos, entonces oímos esto: "Tienes que establecer reglas suficientes, y reglas bien estrictas; así los niños sabrán si se portan bien o no." Pero Jesús rechazó ese enfoque.

Jesús nació en una cultura que estaba acostumbrada a seguir las reglas establecidas, pero aun así, Él trataba a los pecadores con gran ternura. Fueron los fariseos, los legalistas que ofrecían una "solución rápida" a los pecados y a la tentación, con los cuales Jesús estaba bastante impaciente. Los llamó sepulcros blanqueados y guías ciegos. Ellos eran orgullosos y se sentían superiores; imponían largas listas de reglas a las personas. Jesús reservó todo tipo de amonestación para los fariseos.

Kim creció en una familia legalista. Su padre era un anciano de la iglesia, pero a la vez, con frecuencia hacía chistes sobre otras razas y sobre las mujeres. Kim estaba impresionada con los ministros de esas iglesias: "Ellos tenían el pelo cuidadosamente aseado, y usaban unos trajes superconservadores. Parecía que estaban preocupados con su apariencia, pues constantemente se ajustaban la corbata y el chaleco, chequeaban si los zapatos estaban bien lustrados y si las medias las tenían alzadas. Recuerdo que los observaba y me preguntaba por qué se preocupaban tanto por su apariencia."

Kim encontraba que la iglesia era aburrida, pero sabía

que lo correcto era que le gustara. Uno de los primeros recuerdos que tenía de ir a la iglesia era cuando asistió a la recepción de una boda. "Mi hermano y yo nos escurrimos arriba hacia el santuario y simulamos ser el pastor. Yo me subí en un cajón y me paré allí, y di puñetazos en el borde del púlpito mientras gritaba y gritaba. Eso es lo que hacían los pastores; hacían que las personas se sintieran mal."

En el hogar, Kim aprendió que la virtud principal consistía en ser "agradable". Lo opuesto a eso era enfadarse o manifestar lo que uno realmente sentía. A eso se le llamaba ser "fea", y era algo que a Jesús no le gustaba. Había muchísimas cosas que a Jesús no le gustaban. Había una canción de escuela dominical que la atemorizaba:

Cuidadito, mi boquita, lo que dices.
Cuidadito, mi boquita, lo que dices.
Hay un Dios de amor que mirando está.
Cuidadito, mi boquita, lo que dices.

Las estrofas que le siguen continúan diciendo: "Cuidadito, mis manitos, lo que hacen . . ." "Cuidadito, mis ojitos, lo que miran . . ." Kim sentía que tenía que ser buena para que la amaran; tenía que reprimir sus emociones y ser siempre agradable y razonable.

Cuando Kim era una joven estudiante de escuela secundaria, sus padres comenzaron a pelear con mucha frecuencia. Se supo que el problema era que su papá estaba involucrado en una relación adúltera. Kim se sentaba frente a la puerta del cuarto de ellos por la noche para oír la discusión, y después el domingo iban todos juntos a la iglesia. Después Kim dejó de ir a la iglesia porque le pareció que no tenía sentido, pero eso no afectó su fe en Dios. Para Kim había dos partes en la religión totalmente diferentes: el Dios real, y los padres humanos que rompían las reglas.

Kim se dio cuenta del vacío que había en el legalismo.

Pero el problema no es sólo un vacío, sino que también absorbe muchísima energía. El legalismo es lo opuesto a la santidad porque desvía la atención de lo vital a lo trivial. En algunas universidades donde hay "reglas de vida", parece que emplean más tiempo hablando de esas reglas que hablando de cómo servir a Jesucristo, cómo amarse unos a otros o pensar seriamente en asuntos políticos y éticos. El cumplimiento absoluto de las reglas de "no harás" demanda una energía y atención extraordinarias, lo que tal vez explique por qué Jesús evitaba a los fariseos y por qué fue llamado un "comilón y bebedor de vino". Jesús era criticado constantemente por ser amigo de los cobradores de impuestos y de los pecadores, pero esta fue su respuesta:

> *Ahora bien, vosotros los fariseos limpiáis lo de fuera del vaso y del plato, pero por dentro estáis llenos de rapacidad y de maldad. . . ¡Ay de vosotros también, intérpretes de la ley! porque cargáis a los hombres con cargas que no pueden llevar, pero vosotros ni aun con un dedo las tocáis (Lucas 11:39,46).*

El legalismo promueve el sentimiento de superioridad y le pone mucho énfasis a las cosas externas, lo que es lo mismo que el orgullo. El legalismo es como decir: "Yo sabré si he sido un padre eficiente si mi hija siempre regresa a las diez y media y ni un minuto más tarde." El legalismo alienta la inmadurez, el pensar obsesivo y la rebelión. Nouwen lo expresa así: "Aunque Jesús mostraba un gran respeto por la observancia de la ley judía, atacaba el legalismo motivado por el miedo y el poder, y demostraba claramente que la ley siempre debía estar al servicio de la obra divina del amor."[1] Pablo exhorta

---

1 Nouwen, *Lifesigns*, p. 92.

a los cristianos a que se circunciden en su corazón y no en su cuerpo (Romanos 2:29).

El legalismo es una cubierta de seguridad que nos es atractiva porque nos hace sentir que todo está en su lugar y seguro. Seguir una serie de reglas parece muy simple, porque si lo hacemos todo irá bien. El legalismo también nos protege de cualquier cosa misteriosa que esté fuera de lo que hayamos experimentado.[1] Es muy interesante que el legalismo parece ser más frecuente cuando las enseñanzas de la Biblia sobre un tema en particular no son claras. Las Escrituras a menudo ofrecen principios más bien que reglas. Un principio tal como "nuestro cuerpo es el templo del Espíritu Santo" tiene que aplicarse con mucha sabiduría. Preferiríamos una regla sencilla.

La otra noche en una reunión de hogar, habló una pareja:

— Si nos vemos cansados es porque hemos estado despiertos hablando hasta las dos o las tres todas las mañanas. Estamos tratando de lidiar con el legalismo que se nos inculcó durante tantos años. Nos hemos dado cuenta de cuánto ha distorsionado nuestra visión de Dios y hasta de Jesús. Me doy cuenta de que para mí Jesús era un fariseo, es decir, que crecí creyendo que si Él fue un buen hombre, tiene que haber seguido todas las reglas.

— Sí — dijo el esposo —, y si no estuviéramos participando en una comunidad de fe que ama a Dios y le quiere servir, es posible que nos hubiéramos salido del cristianismo totalmente.

Otro miembro del grupo estuvo de acuerdo.

— Me llevó muchos meses de asistir a la Iglesia del

1 Erwin Ramsdell Goodenough, *The Psychology of Religious Experience* (Nueva York: Basic Books, 1965), pp. 102-103.

Mesías para poder librarme del legalismo. Todos los domingos por la mañana me despertaba melancólico y pensaba: 'Ay no, es domingo y tengo que ir a la iglesia si no quiero buscarme problemas.' Entonces mi casete de adulto empezaba a correr en mi mente y decía: 'Sí, pero eres una persona mayor, independiente, y no tienes que ir a ninguna parte.' Me comencé a dar cuenta gradualmente de que yo *quería* estar en la iglesia. Cuando llegaba allí pensaba: '¡Eh! Aquí es donde quiero estar. Me gusta estar en la iglesia y en la presencia de Dios.' Pero pasaron meses antes que eso pudiera dominar mis primeros pensamientos cada domingo por la mañana. Había habido tantos años en los que pensé en lo que *debía* hacer.

El legalismo como camino hacia la rebelión

El legalismo no funciona, por lo menos a largo plazo. Si me someto al legalismo de una dieta, el efecto es generalmente que no puedo hacer otra cosa que no sea pensar en la comida. El legalismo puede promover un comportamiento obsesivo; a veces me doy cuenta de que estoy haciendo cosas que no quiero hacer en realidad, sólo porque se me ha ordenado que no las haga.

El legalismo promueve el síndrome de la "fruta prohibida". Los pequeños excesos o placeres adquieren proporciones masivas, de modo que mirar una película prohibida o bailar se vuelven muy atractivos. Y eso conduce al peor resultado del legalismo: la rebelión. La mayoría de las personas que piensan, no pueden permanecer confinados por el legalismo ya que va claramente en contra de las enseñanzas de Jesús y de Pablo en el Nuevo Testamento. Cuando esas personas rompen con el legalismo, puede producirse un desastre.

Kim se rebeló contra el legalismo de su niñez, y reconoció la superficialidad del legalismo de sus padres. Su hermana Becky representó el daño que le ocasionó el divorcio de sus padres, encontrando un hombre que cuidara de ella y que le dijera lo que tenía que hacer. Becky pertenecía a una iglesia parecida a la iglesia a donde sus padres la habían llevado de niña. Comenzó a animar a Kim a que perdiera peso y encontrara un hombre. Le explicó a su hermana que su propio marido no se habría casado con ella si no hubiera bajado de peso; él mismo se lo había dicho, así que si Kim quería encontrar un hombre, tenía que adelgazar.

Para Kim, la carga del legalismo y la vergüenza que había sufrido en su niñez, la apabullaron. Su poca autoestima y las dudas con respecto a su cuerpo eran abrumadoras. Ella decidió que necesitaba probarse que podía serle atractiva a alguien. Cuando consideró su fe cristiana, parecía que fue un puñado de reglas a seguir, de manera que se imaginó que la regla en contra de la fornicación era una más. Kim comenzó a pensar que ser virgen a los treinta años de edad era una bobería. "Le dije eso a uno de mis compañeros de trabajo, y estuvo una semana rondándome y diciéndome: 'Treinta años y virgen; eso es muy raro.'" Kim se preguntaba si su hermana tendría razón; a lo mejor ella nunca se iba a casar. "¿Y si no me casaba, o nunca tenía sexo con alguien? ¡Olvídate de eso!" Kim botó su legalismo a la basura.

Kim encontró un hombre que la trataba de la misma manera que su padre. Carlos era mayor que ella; tenía dinero y le compraba muchas cosas. Al igual que su padre, él no la escuchaba para nada. Ella tenía que adivinar cuándo él estaba de buenas para poder hablar con él. Si no él perdía los estribos. Se llevaban bien porque Kim estaba dispuesta a comprometerse. "Me trataba igual que mi papá, y eso me gustaba y me repugnaba a la vez." Ella sabía desde el principio a dónde iba esa relación.

Durmieron juntos durante seis semanas. "Yo sabía que él era un imbécil. No me gustaba, pero aun así dormí con él. En parte pensé que él cambiaría; siempre he tenido una buena imaginación, y a mí el sexo siempre me había parecido algo muy especial, de manera que no aceptaba que esa relación fuera tan desastrosa como lo era en realidad."

Entonces un sábado por la tarde, ella de pronto quiso saber si él en realidad se interesaba por ella. "No le pedí que me jurara que se estaba muriendo de amor o que se casara conmigo. Me hubiera podido decir que yo era bonita o divertida. Le pregunté: '¿Qué piensas de mí?' "

— Me estás molestando; déjame tranquilo.

— No te voy a dejar tranquilo hasta que me digas lo que piensas de mí.

Él hizo caso omiso de ella y se fue a otro cuarto. Ella lo siguió y le hizo la misma pregunta otra vez.

— ¡Maldita seas, déjame tranquilo — le gritó.

"Debía haberme ido inmediatamente, pero mi mamá siempre me había enseñado que fuera agradable. Esperé un rato y le pedí perdón, y después inventé una excusa débil de que tenía que ir a darles comida a los gatos. Entonces me fui sin que él me hubiera dicho siquiera que yo le gustaba." Kim siente que perdió algo irreparable, y que lo perdió con un necio.

Kim se rebeló y eso no es algo inusual. El legalismo, a diferencia de la vida abundante y la libertad que promete Jesús, constriñe y sofoca. El desenfreno es la respuesta que muchas personas le dan al legalismo. El legalismo provee un estilo de vida del cual la mayoría de las personas se cansan, pero no deja que las personas rompan las cadenas de una manera razonable. El legalismo termina arrojando hacia el pecado a sus antiguos adeptos. Simplemente "los mete en tentación"

El desenfreno: un sustituto muy pobre

El desenfreno es terrible, pero casi siempre constituye un grito de dolor, una respuesta a la vergüenza de la teología de mano dura o la inmadurez del legalismo. Si las personas no pueden vivir con el legalismo, y no pertenecen a una comunidad de fe que los ayude, entonces lo más probable es que sigan las máximas del mundo: "Haz lo que quieras", o "Hazlo si te hace sentir bien".

El desenfreno es tan dañino como el legalismo. No toma en cuenta adecuadamente la naturaleza humana pecadora, ni el poder de las mentiras de la sociedad. La sociedad nos dice que todo está bien, que nos debemos sentir libres para hacer lo que nos guste. Es un pobre sustituto de la verdadera libertad. Aunque ya no acatemos la autoridad de ninguna iglesia, universidad, o los padres, cuando somos licenciosos le estamos permitiendo al mundo que nos diga lo que es importante.

Jean y Mandy están conversando. Jean es una cristiana activa que todavía lucha con una educación legalista. Mandy ha sido cristiana por sólo un año, desde su segundo divorcio. Tiene dos hijos varones y ha tenido que luchar mucho, tanto económica como socialmente. Hace poco comenzó a salir con un médico que no es cristiano.

— ¿Cómo te va con Len, Mandy? — pregunta Jean.

— En realidad a mí me gusta y es tan agradable ir a comer fuera y asistir a los conciertos sin tener que estar contando cada centavo. Pero él no es creyente y dice que no está interesado en Dios. No sé qué debo hacer al respecto — dice Mandy.

— Bueno, él es un buen hombre, y a tu edad no puedes esperar toda la vida. Si yo fuera tú, proseguiría con esta relación — responde Jean.

El mundo les dice a Jean y a Mandy que una mujer

no es nada sin un hombre. La iglesia ha subrayado eso. Las Escrituras nos enseñan que una persona no debe relacionarse muy profundamente con alguien cuyo centro espiritual es tan diferente al de uno. El desenfreno invita al cristiano a escuchar "la sabiduría" del mundo que nos dice: "Haz lo que quieras."

"Todo me es lícito, pero no todo conviene", escribió Pablo en 1 Corintios 10:23. Como mujeres hemos estado muy dispuestas a escuchar cualquiera que nos dijera lo que teníamos que hacer ya que tenemos una pobre autoimagen; nos ha sido muy difícil mantenernos firmes y decir que no. Y siempre habrá muchas voces que nos dirán que nos divirtamos.

Jesús dice que "todo aquel que hace pecado, esclavo es del pecado" (Juan 8:34). La mayoría de nosotras conoce esta esclavitud: atrapadas por la tentación y el pecado, prisioneras de una espiral de culpa que nos hunde. El legalismo es un callejón sin salida, al igual que el desenfreno. Ninguno de los dos representa la libertad. Kim encontró la liberación en una comunidad de fe a la vez que aprendió a ser genuina consigo misma, con otros y con Dios. Dios quiere esta libertad para todo su pueblo.

CAPÍTULO 13

Siendo genuinas con nosotras mismas, con otros y con Dios

Michelle huyó de casa. Tenía quince años y estaba cansada de las restricciones de su familia y que le dijeran lo que tenía que hacer. Estaba harta de tener que estar en la casa a una hora fija, y tener que vestirse de acuerdo con determinadas reglas. Se escapó para encontrar a alguien que la apreciara.

Le pregunté al padre de Michelle qué sabían de ella. "Bueno, la gente con la que se fue se deshicieron de ella cuando se dieron cuenta de que se había escapado de la casa, puesto que no querían que la policía los acosara por su causa. Hoy recibimos una llamada de un muchacho que estaba con ella . . . dice que no le gustaba el modo en que la trataban los miembros del grupo con quien ella andaba, así que telefoneó a la policía. Creo que mi oración es que ella descienda tanto que llegue un punto que le permita ver las cosas con claridad."

El hijo pródigo "volvió en sí". Reconoció que había sido un tonto en escaparse de su casa, que había estado desperdiciando su vida, y que había estado haciendo sufrir a los demás. Reconoció su pecado. Sabía que podía volver a su hogar, volver a encontrarse con su padre, y que él a su vez lo perdonaría. Hasta que Michelle "vuelva en sí", es decir, que sea genuina consigo misma y con otros, no podrá crecer.

La persona se vuelve hipócrita cuando no "vuelve en

sí", cuando se permite no ser genuina consigo ni con los demás. Ananías y Safira querían lucir santos y dedicados sin serlo (Hechos 5:1-11), pero no dio resultado.

Hace algunos años, la caída de muchos cristianos célebres reveló que la posición de ellos no les había permitido ser genuinos, ni consigo ni con los demás. Se habían rodeado de personas que los idolatraban. Cuando eso sucede, la persona, sin hacer esfuerzo, puede pensar: "Soy muy importante; las reglas no son aplicables en mi caso. En realidad, no quiero hacer nada malo; no se lo voy a decir a nadie. ¿Cómo se pondrían los demás si supieran cómo soy en realidad?" La falta de reconocimiento de nuestras debilidades, la falta de sinceridad con nosotras mismas, con los demás y con Dios conducen al desastre.

El reconocer nuestro pecado es una condición previa para pertenecer a una comunidad de fe. Reconocer nuestros pecados significa ser genuinas con nosotras mismas, con otros y con Dios sobre nuestro humanidad, y es un requisito previo para el perdón, la libertad y el crecimiento.

Siendo genuinas con nosotras mismas

Necesitamos reconocer nuestros errores con claridad y enumerarlos. Sin embargo, reconocer nuestros pecados puede ser difícil. Si no tenemos toda la culpa de cierto pecado, se nos puede hacer especialmente difícil llamarlo pecado.

Ginni tenía una familia disfuncional. Su padre era un alcohólico, y su mamá hizo posible ese comportamiento. Ginni tenía mucha falta de confianza en sí misma, y sólo encontraba alguna satisfacción y un sentido de dignidad ayudando a los demás. Cuando obtuvo un título en química, conoció un hombre que se llamaba Brad. Él era divertido, pero interiormente necesitaba de alguien que cuidara de él. A Ginni le parecía que él era todo lo que ella no era, y que él la necesitaba. Él le pidió que se mudara con él, y ella lo hizo.

Dos años más tarde, Ginni empezó a estudiar medicina. Brad se mudó con ella a Carolina del Norte, pero cuando ella terminó la carrera y comenzó la residencia, se produjo una crisis. "Comencé a recibir muchas felicitaciones por mi trabajo médico — dijo —. Empecé a darme cuenta de que quizás yo era una persona que valía por mí misma. Miré a Brad y me di cuenta de que me había conectado con él porque necesitaba a alguien que a la vez necesitara de mí, alguien que de algún modo me protegiera y cuidara de mí. Yo tenía veintisiete años de edad y aún estaba reaccionando a las heridas que tenía de mi niñez. Había vivido con Brad durante siete años, sin que él me gustara en realidad, pues él no era el tipo de persona con la cual yo me imaginaba casándome o teniendo hijos. No estaba segura de que jamás me hubiera gustado."

Después de terminar su primera residencia, Ginni decidió mudarse a otra región para hacer otros trabajos de investigación. Entonces terminó su relación con Brad, que resultó muy duro para ella, aunque sabía que lo tenía que hacer. Por primera vez en siete años, ella y Brad comenzaron a vivir separados.

En su nuevo trabajo, Ginni conoció a muchos cristianos y se convirtió en uno de ellos. También conoció a otro hombre que se llamaba Vince. Comenzaron a salir juntos y se enamoraron, pero su relación parecía estar estancada por causa de Brad. A Vince le parecía que la presencia de Brad los perseguía. Ginni pensaba que aunque su relación con Brad no había sido una maravilla, ella había aprendido mucho en esos ocho años. Después de dos años, Vince y Ginni rompieron sus relaciones, y Ginni estuvo reflexionando mucho después que eso ocurrió.

Unos cuantos meses después, Vince y Ginni se volvieron a encontrar y entre poco se comprometieron. "No pudimos seguir adelante con nuestra relación hasta que yo llegué a un punto donde reconocí que mi relación con Brad fue algo no saludable. Había sido una reacción enferma a una vida de familia enferma, y todos esos años habían constituido una pérdida de tiempo.

"Parece raro que me resultara duro darme cuenta del problema, pero reconocer la realidad era admitir que yo era responsable de no haber aprovechado esos años de una manera mejor. Eso me resultó abrumador, pero no fue hasta que lo hice, que Vince y yo pudimos desahogar nuestro pesar por aquellos años. Yo no pude pedirle perdón a Dios, de manera que nosotros no pudimos seguir adelante. Estábamos estancados."

Ginni tuvo que ser genuina consigo misma. Eso la condujo a ser genuina con los demás y con Dios.

Siendo genuinas con otros

La tentación nos iguala a todos. Todos tenemos que enfrentarnos a ella, y a veces nos hace ponernos de rodillas. Si los pecados de nuestra amiga parecen ser más dramáticos que los nuestros, es necesario que pensemos: "Si no fuera por la gracia de Dios, yo podría haberme visto en la misma situación." Es muy tentador señalar los pecados de los demás. Tal vez condenemos el adulterio de alguien, pero se nos olviden nuestro propio orgullo y avaricia.

Los pecados que no se confiesan, se vuelven más y más destructivos con el tiempo, como el monstruo creado por Victor Frankenstein. Si no podemos hablar de nuestros pecados y nuestras tentaciones con alguien, comenzarán a tomar medidas desproporcionadas. Nuestra cultura nos anima a aislarnos y a ser individualistas, y la iglesia ha seguido con frecuencia esa tendencia. Cuidamos la privacidad de nuestra familia. Somos superficiales hasta en los grupos pequeños de la iglesia.

Cuando nos aislamos, ya sea por no pasar tiempo con otras personas, o por ser superficiales, perdemos una fuente de santidad que nos ha dado Dios.

Después de ser cristiana por varios años, yo vivía en una casa con algunas otras mujeres. Mi compañera de cuarto y yo éramos muy allegadas; se llamaba Mary Lou. A veces estábamos hablando hasta altas horas de la noche.

En aquella época yo estaba luchando con la glotonería. Con frecuencia iba a una heladería, tuviera hambre o no, y me compraba un *sundae* bien grande y me lo comía. Después me sentía muy mal. Leía versículos de la Biblia que tuvieran que ver con mi problema y mientras dolorosamente corría largas distancias, los memorizaba, como por ejemplo: "¿Ignoráis que vuestro cuerpo es templo del Espíritu Santo?"

Una noche cuando conversaba con Mary Lou le dejé entrever que había un pecado terrible que me estaba persiguiendo. Ella me preguntó si me gustaría contárselo a ella, y yo traté pero no pude. Me sentía muy mala y condenada con mi gula.

Durante varios días Mary Lou trató de extraerme el secreto. Por fin, pude decirle de qué se trataba mi pecado secreto. Se hizo un largo silencio en la oscuridad, y finalmente ella dijo: "¿Eso es todo? Pensé que por lo menos se trataba de algo así como que estabas teniendo una aventura amorosa con un profesor o cosa por el estilo." El silencio y el aislamiento propician que los pecados tomen proporciones desmedidas.

Necesitamos confiarnos a otras personas con las que podamos confesar nuestros pecados. Después de admitir mi glotonería frente a mi amiga, ella pudo ayudarme de cuatro formas diferentes: (1) Pudo corregir mi torcida perspectiva de ese pecado. No me convenció que no era pecado ("Todo el mundo come de más; estoy segura de que eso no le molesta a Dios; no es realmente un *pecado*), sino que me ayudó a ver que yo no era tan deplorable como pensaba que era. (2) Pudimos orar juntas, y yo pude recibir el perdón de Dios y comenzar de nuevo. (3) Pudimos darnos cuenta de lo que este problema indicaba con respecto a mi autoestima, mi necesidad de agradar a los demás, y quizás hasta mi actitud hacia Dios. (4) Pudimos establecer una relación de responsabilidad, de manera que ella podía ayudarme a enfrentar el reto diario del problema.

A Kathy siempre le parecía que las tentaciones que ella enfrentaba eran mucho peores que las que enfrentaban las mujeres que ella conocía. Ella pensaba que confrontaba un gran problema con la lujuria, algo que otras mujeres no parecían confrontar. Su problema se puso tan serio que pensó que ni Dios la podría perdonar.

Una consejera escuchó a Kathy y le dijo: "¡Bienvenida a la raza humana!"

Kathy se dio cuenta de que ella no era ningún monstruo, sino que era tentada exactamente igual que muchas otras mujeres. De pronto se sintió capaz de dirigirse a Dios y pedirle su gracia. Al confesarle su tentación a otra persona, el problema volvió a tener su dimensión real. Hay un tremendo poder de sanidad en la confesión. A veces me pregunto si en la tradición protestante, donde ponemos tanto énfasis en ir directamente a Dios, no habremos perdido algo maravilloso al eliminar la práctica confesar nuestros pecados unos a otros.

Henri Nouwen concluye: "Provoca mucho sufrimiento el miedo a la confesión y a pedir perdón. He visto los cambios más radicales en la vida de las personas, cuando hallan finalmente el valor para confesar aquello de lo cual se sentían tan avergonzados o culpables, y descubrieron que en vez de perder un amigo, ganaron uno. Las distancias se acortaron, los muros se vinieron abajo, y los abismos fueron rellenos."[1]

El ser perdonadas por otros nos da la sensación de que somos aceptadas por Dios.

Siendo como realmente somos ante Dios

"Lo que más me llama la atención —me dice mi amiga—, es el modo en que tenemos que lidiar con la tentación; decimos algo así como: 'Bueno, con eso no voy a tener que enfrentarme otra vez', nos relajamos y nos olvidamos de eso, y de pronto nos ataca por la espalda. Así de sencillo. La miramos de frente, y efectivamente . . . ahí está de nuevo la misma tentación con la que creíamos haber terminado."

Nos necesitamos unos a los otros tan desesperadamente porque estamos sujetos a un sentido paralizante de condenación. Cuando a eso se le añade la poca autoestima que experimentan muchas mujeres, la condenación que viene del maligno nos puede conducir a un espiral que nos lleva abajo y a una mayor abominación de nosotras mismas. Es necesario que aprendamos a diferenciar entre la convicción del Espíritu y la condenación del maligno.

"Está claro que el enemigo busca destruir nuestra relación con Dios —escribe John White—. El Espíritu, del otro lado, está tratando de restaurar nuestra relación con Dios . . . Ahora bien, si el Espíritu está tratando de restaurar nuestra relación con Dios, entonces es lógico que cuando se confiesa el pecado, el convencimiento de culpa se va desvaneciendo y el capullo del compañerismo florece con una nueva fragancia. También es lógico que si Satanás está empeñado en destruir nuestro compañerismo con Dios y si nuestro sentido de pecado es el resultado de la acusación satánica, entonces no experi-

---

1 Nouwen, *Lifesigns*, p. 67.

mentaremos semejante fragancia."[1]

Cuando nos confesamos ante Dios necesitamos tener bien claro lo que estamos confesando, y después clamar por su perdón. Si comenzamos a sentirnos mal otra vez, debemos recordarnos las promesas de Dios.

Un experto miró los árboles que había en nuestro jardín. Cuando llegó al manzano nos dijo:

— Éste necesita una buena poda.

— Me da mucha pena cortarle pedazos a un árbol — le dije —. Me parece tan cruel mutilar algo que tiene vida.

— Mire esta rama — me dijo —. No tiene manzanas, y lo único que hace es quitarle energía al árbol. Si la cortamos de ahí, el árbol crecerá mejor.

Asimismo ocurre con nuestros pecados, pensé. Es como tener ramas adicionales que absorben nuestra energía. Pero para deshacernos de esas ramas que sobran, necesitamos ayuda. Tal vez un manzano pierda algunas ramas durante un ventarrón, pero casi nunca se poda por sí mismo. Necesitamos confesar nuestros pecados al Señor, que es el que perdona, y a veces también a otras personas. Entonces hallaremos, en una comunidad de fe, la poda que necesitamos.

Pertenecer de manera responsable

El pertenecer de manera responsable a una comunidad de fe es la respuesta para construir una santidad cristiana. Ese proceso de aprender a ser *genuinas* es lo que nos hará capaces de pertenecer responsablemente a tales comunidades.

Manny, Greta y Mike son graduados recientes de una universidad cristiana, todos con un historial legalista

---

1 John White, *The Fight* (Downers Grove, Illinois: InterVarsity Press, 1976), pp. 85-86.

similar, donde se les había dicho (o por lo menos ellos así lo creían) cómo pensar y cómo comportarse. Comenzaron a asistir a nuestra iglesia y a la reunión de hogar que yo conduzco.

Hubo un domingo en que ninguno de los tres fue a la iglesia. El martes siguiente en la reunión de hogar, Manny dijo:

— La fiesta del sábado por la noche en nuestra casa estuvo buenísima. Siguió hasta las tres de la mañana, pero valió la pena.

Greta añadió:

— ¡Tremenda fiesta! Dormí el domingo hasta el mediodía. Pensé que la policía de la iglesia iba a venir, pero no llegaron.

Mike habló:

— Sí, es verdad, la fiesta estuvo muy buena. Pero lo raro es que extrañé la iglesia el domingo.

"¡Qué jóvenes más irresponsables!" pensé, pues ya me sentía muy molesta con ellos. Entonces me di cuenta de que como jóvenes que eran estaban probando los límites. Estaban aprendiendo a estar en la iglesia porque eran parte de ella, porque *pertenecían* a la iglesia, no porque hubiera reglas que los forzaran a hacerlo, o porque tuvieran los padres allí que los regañaban por comportarse "mal". Aprenderían que parte de pertenecer a una comunidad de fe es tener un compromiso y una responsabilidad, el tipo de dependencia que hace posible las relaciones profundas y la confianza. Aprenderían también a profundizar sus raíces con otros miembros de la misma comunidad, y a compartir la carga de una comunidad cristiana como cristianos responsables y maduros.

CAPÍTULO 14

Pertenecer responsablemente a una comunidad de fe

Teresa era la gerente de un restaurante. A ella le gustaba trabajar con los clientes, le gustaban las propinas y las responsabilidades que tenía, pero su jefe se estaba volviendo cada vez más fresco. La pellizcaba y le daba nalgadas detrás del mostrador. Cuando ella lo amenazó con irse, él le rogó que se quedara, alegando que el restaurante sufriría con su ausencia. Una noche, después del estudio bíblico en grupo, ella lloró mientras nos contaba cuánto despreciaba al jefe pero que se sentía indefensa por la manera en que él la manipulaba, y porque no podía prescindir de su salario y las propinas.

June, Amanda y yo le dijimos a Teresa que tenía que dejar ese trabajo, que ella merecía algo mejor que ese abuso. Lloró un rato más y al fin accedió a que se iría de allí a la mañana siguiente. Acordamos en reunirnos para celebrar su valerosa decisión. La esperamos muchísimo, hasta que por fin nos fuimos al restaurante a las 8:30. Llegamos y nos sentamos en una de las mesas. Ella nos trajo agua y nos dijo:

—Hola, he decidido que mejor termino el mes, porque el jefe me lo pidió.

—Teresa, esta situación no es buena para ti. Estuviste de acuerdo en eso anoche.

—¿Creen que debiera renunciar ahora mismo?

Nos miró a la cara, y nosotras asentimos con la cabeza.

— Tienen razón. Sé que tienen razón. Recogeré mis cosas y le diré que me voy. Nos encontraremos en el automóvil.

Mientras salíamos de allí el jefe nos miró de una manera amenazadora. Después nos enteramos de que estuvo vociferando de "aquellas mujeres de la iglesia" por varios días.

La iglesia de Teresa era una familia que se ocupaba de ella y que podía ayudarla a que hiciera lo que tenía que hacer. Cuando somos miembros responsables de una comunidad de fe podemos crecer en nuestra vida de fe individualmente.

Cada vez que decimos el Padrenuestro, pedimos: "No nos metas en tentación." ¿Cómo podemos cooperar con Dios para no ser llevados a la tentación?

"Está bien — dirá usted —. Puedo darme cuenta de cómo se me ha metido en la tentación en ocasiones anteriores. He probado distintas respuestas a mis tentaciones pero no han funcionado. He probado la siempre popular solución de romper el espíritu y destruir el yo, y eso por cierto no dio resultado. Sé que el establecimiento de una serie de reglas es contraproducente. También me doy cuenta de que la reacción de muchas personas al legalismo, es decir, una vida de libertinaje, es un modo de ir de cabezas al pecado. Puedo ver que un modo de no ser metida a la tentación es que seamos genuinas con nosotras mismas, con otros y con Dios. ¿Qué más?"

¿Qué hacemos si queremos ayudar a una hija en nuestra familia que tenga problemas? Buscamos la manera de asegurarnos de que ella sepa que la queremos, y que sienta que es todo un miembro de la familia. La alentamos a que ocupe su puesto como miembro responsable de la familia y que sepa que pertenece.

Los cristianos pertenecen a un cuerpo, a una comunidad, en la cual funcionan como deben funcionar. Es aquí donde aprenden a apreciarse, a reconocer sus sentimientos, y a tratar de ver con qué están sustituyendo a Dios. Es aquí donde comenzarán a encontrar el equilibrio adecuado que debe haber entre pertenecer y ser responsables. Es aquí donde estudiarán junto con otros las consecuencias de las Sagradas Escrituras en su vida, donde orarán y descubrirán el poder del Espíritu Santo de transformar su vida. Quizás lo más importante es que dentro de la comunidad van a encontrar un ministerio activo y pleno. A medida que crezcan dentro de la comunidad, cooperarán con Dios al no ser metidos en la tentación, y en vez de eso, edificar una vida santa y llena de gozo.

No me metas en tentación: Aléjame de las dudas

Sólo después de aprender lo que valemos en realidad, podemos dedicarnos a desarrollar otras relaciones. ¿Qué significa que nos sintamos mejor con respecto a nosotras mismas? Significa tener autenticidad, ser la misma persona en cualquier tipo de relación, a pesar de las distintas demandas que tengamos que confrontar.

Habremos mejorado en la manera de apreciarnos cuando seamos capaces de hacer lo siguiente:

- ☐ Describir de manera equilibrada tanto nuestros puntos fuertes como los vulnerables.
- ☐ Hacer afirmaciones claras de nuestras creencias, nuestros valores, y nuestras prioridades, y entonces mantener una conducta congruente con esas afirmaciones.
- ☐ Permanecer afectivamente conectadas con otras personas importantes en nuestra vida cuando tenemos que atravesar situaciones muy intensas.

- ☐ Hacer frente a asuntos difíciles y asumir una posición en los asuntos que nos resultan importantes.
- ☐ Declarar nuestras diferencias con los demás y dejar que ellos hagan lo mismo con nosotras.[1]

En una comunidad de fe, una mujer encontrará que es amada y apoyada por cualidades mucho más importantes que su belleza exterior y sus habilidades en la cocina. Como hemos visto, la mujer que duda de sí misma y siente que no es amada, es mucho más vulnerable al pecado.

No me metas en tentación: Condúceme a tener una mayor autoestima

Hemos visto que las mujeres que no entienden sus emociones, pueden ser mucho más vulnerables que las que sí entienden sus emociones. Mi amiga la psicóloga dice que es algo muy arduo ayudar a las mujeres a encontrarse a sí mismas, especialmente cuando se trata de las que han vivido sólo dentro de la vida de otra persona. En la comunidad de fe las personas nos conocen como somos en realidad, y nos ayudan a darnos cuenta de nuestras debilidades y nuestros puntos fuertes. "Confesaos vuestras ofensas unos a otros, y orad unos por otros, para que seáis sanados" (Santiago 5:16).

Angie se había dejado envolver emocionalmente con un vecino casado. Ella se sentía avergonzada por eso y no se atrevía a decírselo a nadie, hasta una noche cuando terminó el estudio bíblico. Cuando la líder del grupo hablaba con ella, Angie le dijo: "Es que nunca antes había encontrado un hombre que me encontrara tan atractiva. Eso significa mucho para mí." Los miembros

---

1 Lerner, *The Dance of Intimacy*, p. 35.

de la comunidad le indicaron que ella merecía mucho más, que pensaba que valía tan poco, que estaba recogiendo las migajas que podía obtener de ese hombre. Sus compañeros de grupo la ayudaron a darse cuenta de lo que ella realmente merecía, y de que Dios la amaba profundamente.

No me metas en tentación:
Aléjame de los sustitutos de Dios

En la comunidad de fe, a medida que nos conocemos unos a otros y sentimos cada vez más responsabilidad mutua, podremos alentar a otros a no confiar en las cosas incorrectas, a no apoyarse en las cosas externas. A menudo, es difícil encontrar una perspectiva en nuestra vida; eso es algo que nos podemos ayudar unos a otros a encontrar.

Cuando yo estaba esperando a mi segundo hijo, a mi esposo le ofrecieron la oportunidad de visitar algunas iglesias de los Estados Unidos. Él estaba muy contento de tener esa oportunidad y de poder tomar algunas de las ideas de esas iglesias y traerlas a la nuestra en El Cabo. Yo me sentí devastada porque iba a estar seis semanas sin mi esposo. Un día estaba tomando te con una señora mayor de la iglesia que me preguntó:

— ¿Cómo estás?

Suspiré y dije:

— Me siento muy mal cuando Ernie no está por aquí. Me parece que soy sólo la mitad de mi persona, y me paso el día deambulando sin sentido.

— Te hace preguntarte quién es tu primer amor, ¿verdad? — me dijo.

Me quedé atónita y me puse brava, pero yo respetaba a esa señora como mujer y como amiga. Esa noche estuve pensando en lo que ella me había dicho, y le pedí a Dios que me perdonara por haberlo sustituido por mi esposo. Desde entonces, extraño a mi esposo cuando estamos separados, pero ha desaparecido una parte de la desesperación.

No me metas en tentación:
Aléjame del individualismo

"La mayoría de los norteamericanos ven la religión como algo individual, independiente de participación en cualquier organización." En una encuesta realizada en 1978 se vio que el 80% de los norteamericanos piensan que "una persona debe decidir sus propias creencias religiosas, independientemente de las iglesias o las sinagogas."[1] Promovemos el caminar personalmente con Dios, invitando a la persona a "aceptar a Jesucristo como su Salvador y Señor personal". Promovemos la confesión individual (sólo yo y Dios), devociones personales, y tener pequeñas tazas individuales durante la Santa Cena. Todo eso subraya la relación individual del creyente con Dios. Sin embargo, eso es sólo parte del asunto, un lado de la moneda. La relación de uno con otros cristianos es casi tan importante como todo lo anterior. La relación con Dios será facilitada a través de otros cristianos; muchas veces los demás serán como Cristo para una persona y viceversa.

Si no podemos manejar una situación nosotras solas, nos parece que hay algo incorrecto, pero como cristianas *no se supone* que manejemos las situaciones nosotras solas. El cristianismo del Nuevo Testamento enseña que los cristianos se pertenecen los unos a los otros, son miembros unos de los otros, y todos juntos son miembros de un mismo cuerpo.

---

1 Robert Bellah et al., *Habits of the Heart: Individualism and Commitment in American Life* (Berkeley: University of California Press, 1985), pp. 226, 228.

No me metas en tentación: Aléjame de las dependencias nocivas

Para vivir una vida cristiana necesitamos una comunidad de fe. Somos muy afortunadas porque como mujeres nos educaron enseñándonos a valorar nuestras relaciones con otras personas. Eso es maravilloso, pero necesitamos cuidarnos de tener una dependencia que nos conduzca a ser irresponsables o a ser insinceras con nosotras mismas.

"Nuestra crianza como niñas nos prepara a ser receptivas, dadivosas, atentas, bondadosas, solícitas; estar pendientes de los demás, ver las cosas desde el punto de vista de otras personas, ser capaces de ponernos en el lugar de otras personas. Pero estas no son lecciones sencillas que nos aprendemos como las fórmulas de álgebra o como las tablas de multiplicar. Son más bien la gramática de las experiencias emocionales de la mujer, la declinación interna que organiza nuestras relaciones con otras personas y con nosotras mismas."[1]

Nuestra crianza, nuestra tendencia a valorar las relaciones, puede ser un don maravilloso, pero también puede conducirnos a tener una preocupación nociva y compulsiva por las demás personas. A veces caemos en relaciones en las que nos perdemos dentro de las necesidades los demás.[2] Cuando una mujer se conoce y se ha definido en términos de su relación con los demás, puede tener sentimientos encontrados en cuanto a tener tiempo para sí misma. Tal vez no tenga eperiencias anteriores en relaciones saludables como individuo; se ha preocupado de los demás de una manera

---

1 Eichenbaum y Orbach, *Between Women, pp. 53-54.*

2 Ibid., p. 63.

tan frenética que ha evitado cuidar de sí misma.[1] Lo que parece ser muy difícil para una mujer, es encontrar el equilibrio entre involucrarse realmente en una relación y aún poder ser ella misma, un equilibrio en el que ella tome responsabilidad por sí misma, así como por los demás. Ese era el conflicto de Marta, que estaba tan ocupada atendiendo a todo el mundo, que no pudo apartar un tiempo para estar con Jesús como lo hizo María.

Cuando consideré volver a la universidad para terminar mi carrera, sabía que la idea era extravagante. Me había "encontrado a mí misma" dentro de mi familia y mi esposo. ¿Cómo podía yo, una mujer que no había hecho otra cosa que cocinar, limpiar y cuidar niños, pensar en ir a la universidad? Nunca podré olvidar el día que cambié de parecer.

Cuando vi a dos mujeres jóvenes que caminaban con sus togas negras de graduadas, que se movían con la brisa del mes de mayo, algo totalmente inesperado ocurrió en mi mente. Había estado asegurándole con mucha paciencia a Susannah que estaríamos muy pronto de vuelta a casa y que entonces le daría una linda galletita, pero su llanto se borró de mi mente como si alguien hubiera apretado el botón "mudo" de un control remoto. Tengo que volver a la universidad. Diez segundos antes yo era una madre en su totalidad, absolutamente sensible a mis hijos, que pacientemente los llevaba a las clases en el zoológico y a las lecciones de música. Diez segundos antes hubiera parecido imposible que mi cerebro afectado por el sueño y los pañales, pudiera ser de nuevo capaz de hacer un trabajo escrito o tomar un examen. La decisión de volver a la universidad fue instantánea, como si Dios hubiera bajado del

1 Ibid., p. 62.

cielo y hubiera encerrado en un marco cósmico a esas dos estudiantes de Santa Catalina, y me hubiera dicho: "Irás a la universidad a terminar tu carrera."

Quizás no debiera hacerlo. Tuve dudas al instante. ¿No me extrañarían mis hijos cuando me fuera a las clases, y qué pensaría la gente de la iglesia cuando vieran que la esposa del pastor iba a la universidad? También había una parte en mí que sabía que yo no podía hacerlo. Si me hubiera preguntado de algo más filosófico que amamantar un niño o colorear la acera, no le habría podido responder.

Las mujeres que "se han encontrado a sí mismas" dentro de determinadas relaciones, se sienten seguras en ellas. Cuando se añade la poca autoestima, eso conduce a las mujeres a seguir desempeñando papeles en los que se sienten seguras y no dan un paso adelante para probar algo distinto. Tuve la suerte de tener un esposo y unas amistades en la iglesia que me daban muchísimo apoyo, pero hay muchas situaciones en que las mujeres caen en una espiral descendiente donde tienen cada vez más dudas acerca de sí mismas.

El pertenecer responsablemente a una comunidad de fe no quiere decir que las mujeres están totalmente envueltas en la vida de otros, pagando con el precio de su propia vida. Se trata de la intimidad en el mejor sentido de la palabra.

"La intimidad no es un medio feliz. Es una manera de ser en la cual la tensión entre la distancia y el acercamiento se disuelve, y aparece un nuevo horizonte. La intimidad está más allá del miedo. Los que han experimentado la intimidad a la cual Jesús nos invita, saben que no tienen la necesidad de preocuparse más de estar muy cerca o demasiado distantes. Cuando Jesús dice: 'Yo soy, no temáis', nos revela un nuevo espacio en el cual nos podemos mover sin miedo. Ese espacio íntimo no es una línea fina entre la distancia y el acercamiento, sino un vasto campo de acción, en el cual la pregunta de guía ya no es si estamos cerca o distantes."[1]

La intimidad de una comunidad es algo en la que *nos liberamos unos a otros para vivir para Jesús,* una intimidad en la cual nos retamos unos a otros a crecer mediante la experiencia de nuevos ministerios, una nueva profesión, o una nueva relación.

Eva se había hecho abogada en la época en que habían muy pocas mujeres en esa profesión. Ser abogada implicaba tener una elevada categoría social, y aunque ella tenía un trabajo bueno y prestigioso, no le gustaba. En el grupo de estudio bíblico hablaba de su trabajo y de que no la satisfacía. El grupo la alentaba a que investigara otros tipos de trabajo y buscara orientación profesional. Descubrió que lo que le gustaba era trabajar con niños. Eva, mostrando una gran valentía, volvió a la universidad a obtener sus credenciales de maestra. Con el apoyo de la comunidad, ella pudo ver lo que realmente quería y se movió en esa dirección.

En la comunidad: Condúceme hacia las Escrituras y a tener una mentalidad cristiana

Dentro de la comunidad cristiana, necesitamos estudiar juntos las Escrituras. Las enseñanzas bíblicas y las predicaciones nos pueden ser de mucha ayuda para tener una buena base de la verdad cristiana, pero eso no es suficiente. Los sermones y las clases de escuela dominical nos proveen de la verdad bíblica, pero desde la perspectiva de sólo una persona, y no puede captar toda la verdad bíblica una sola persona. Necesitamos participar con otros en los estudios bíblicos, invirtiendo nuestro tiempo, escudriñando y meditando sobre las Escrituras nosotras mismas.

---

1 Nouwen, *Lifesigns, p. 36.*

Para poder construir una vida santa, necesitamos un entendimiento general de la perspectiva de Dios. A través de los siglos, algunos cristianos buenos y bienintencionados han apoyado la opresión más horrible sacando de su contexto versículos bíblicos aislados que al parecer apoyan su punto de vista. Nos han enseñado que la esclavitud era correcta, que la guerra era admirable, que las mujeres debían ser tratadas como niños y que los que no observaban el sábado merecían ser castigados duramente.

Para obtener un entendimiento general de las Escrituras, es necesario que estudiemos la Biblia con otros, y que la leamos en pedazos. Necesitamos leer libros escritos por cristianos y sobre la vida de cristianos. Necesitamos desarrollar una perspectiva en distintos temas escuchando a oradores, leyendo y conversando con otros cristianos. Necesitamos estudiar una y otra vez los versículos que no nos acomodan y preguntarnos por qué nos hacen sentirnos molestos.

Después que me convertí al cristianismo asistí a numerosos estudios bíblicos. Un maestro nos enseñaba; él había encontrado versículos que apoyaban su perspectiva personal de la Biblia, y nos los pasó a nosotros. Yo me daba cuenta de que cada versículo era cierto en sí, una promesa que reclamar; pero evitábamos algunos versículos.

Comencé a leer el Evangelio según San Lucas. En el capítulo cuatro recibí mi primer sobresalto. Jesús estaba en una sinagoga de Nazaret y ¿qué escogió para leer? Algo sobre cómo la gente sabría que el Mesías había venido, por las buenas nuevas predicadas a los pobres, los cautivos que serían liberados, los ciegos que volverían a ver, y los oprimidos que serían liberados (Lucas 4:18). Yo me preguntaba: ¿Cómo podía Jesús enseñar un evangelio tan "social"? ¿Por qué no había comenzado su ministerio con un pasaje del Antiguo Testamento que se acomodara mejor a la teología que yo estaba aprendiendo en el estudio bíblico?

Uno o dos días después leí un pasaje en el capítulo veinticinco del Evangelio según San Mateo, en el que Jesús habla de cómo las ovejas serían separadas de las cabras. Me quedé atónita de ver que Jesús parecía tomar muy en serio el alimentar a los hambrientos, vestir a los que estaban desnudos y visitar a los prisioneros. ¿No sabía Jesús mejor que nadie, que los justos son salvos por la fe?

Cerré mi Biblia. Me tomó algún tiempo darme cuenta de que si yo estaba incómoda con algún pasaje de la Biblia, necesitaba mirarlo y tratar de descubrir qué me decía, quizás sobre una falta de la que yo no estaba consciente.

Necesitamos la vida en una comunidad de fe, de manera que podamos desafiarnos unos a los otros. Como individuos, hay ciertos pasajes que nos gustaría saltar. Como grupo, podemos hablar sobre qué quiere decir que debemos "aborrecer a nuestros padres e hijos", y que Jesús estaba posiblemente sugiriendo una nueva prioridad en las relaciones. Podemos preguntarnos todos juntos qué quiso decir Jesús cuando dijo que debemos venderlo todo (Mateo 19:21). El evangelio es radical; todos juntos debemos aprender a realizarlo en nuestra vida.

Condúceme hacia la oración y el poder del Espíritu

Estando dentro de una comunidad de fe podemos hallar el poder para ser discípulas. Eso puede venir de diferentes maneras. Podemos orar por Rebeca para que encuentre la paz al ser guiada por Dios. Por Susana, que tiene muchas heridas profundas de la niñez y una pobre autoimagen que la hacen susceptible a determinadas tentaciones, pediremos que algunas de esas heridas y malos recuerdos sean sanados. Podemos escuchar y orar con Marta para que reciba perdón por un antiguo pecado que la persigue.

Un día contesté el teléfono y una voz llorosa me dijo:

— Mary Ellen, estoy sangrando. Creo que estoy teniendo un aborto, y Phil está de viaje.

— En seguida voy para allá.

Dory tuvo en efecto un aborto, pero peor que eso era su sentimiento de culpabilidad. El aborto era culpa de ella, según me dijo, porque se había hecho un aborto provocado cuando tenía sólo dieciséis años. Eso había ocurrido doce años antes, y todo ese tiempo ella había vivido con esa culpa; sabía que Dios no la había perdonado, así que ¿cómo podría perdonarse a sí misma?

Dory necesitaba que un miembro de la comunidad de fe estuviera a su lado, tanto física como emocionalmente. Ella necesitaba confesarse a alguien, orar con alguien, tener a alguien que la ayudara a encontrar el perdón de Dios por un pecado que había cometido antes que se hubiera convertido al cristianismo. Necesitaba la ayuda de Dios para construir sobre esa base.

Nuestra iglesia tiene un ministerio de sanidad que tiene lugar cada domingo durante la comunión. Yo voy para que oren por mí, no sólo si me duele el cuello, sino también cuando tengo temor, o cuando quiero oración porque estoy experimentando algunas tentaciones. Yo podría orar sola sobre esas cosas, pero es dentro del cuerpo de Cristo que espero encontrar la sanidad. También encuentro una gran seguridad cuando amigos como Jim me dicen: "¿Cómo te va con tus temores?"

Condúceme hacia un ministerio activo

Imagínese a la Madre Teresa reprocharse durante horas haberse comido una galletita de chocolate extra. Cuando las mujeres nos involucramos activamente en algún ministerio, encontramos vías más saludables de ver nuestra propia vida. La santidad se vuelve, no sólo un maravilloso fin de por sí, sino un medio para llegar a un final, un poderoso vehículo para servir. Debemos encontrar vías para usar nuestros dones para Dios.

Esa es la razón por la cual a las mujeres no se les debe pedir que nieguen sus ministerios en aras de apoyar el ministerio de los hombres. Un ministerio activo conduce a la santidad; también conduce a que se hagan más trabajos para el reino de Dios. Volcar a las mujeres a distintos ministerios activos puede conllevar ciertas inconveniencias; tal vez los hombres necesiten aprender a usar las cafeteras o a organizar comidas colectivas.

Hace algunos años, la revista *Christianity Today* [Cristianismo hoy] publicó una página de obituarios con el nombre de algunos hombres cristianos que habían muerto en un corto período de tiempo. Esos grandes hombres habían hecho una impresionante obra para Dios. Habían fundado sociedades misioneras, revistas, universidades; habían escrito libros y artículos, así como enseñado a jóvenes cristianos. Pero yo no podía dejar de preguntarme cuántas más obras se habrían llevado a cabo para Dios si igual número de mujeres hubieran sido estimuladas en su ministerio. En el día del juicio final no quiero estar en el lugar de los hombres que han reprimido los ministerios de las mujeres, cuando traten de explicar por qué han desalentado los talentos y los ministerios de más de la mitad de la comunidad cristiana.

Cuando hablamos de Cristo con una persona que está en necesidad, nuestra vida asume una perspectiva que neutraliza el mensaje que nos envía el mundo a través de los medios de comunicación. Comenzamos a darnos cuenta de lo que es realmente importante en vez de lo que se nos dice que es importante. A medida que participamos en un ministerio activo y en la vida de otras personas, forzamos a salir de la escena las tentaciones que quisieran estar en el centro de nuestra vida.

Encontramos un verdadero gozo en un ministerio activo, puesto que usamos nuestros talentos para la obra del reino de Dios. Eso a su vez nos conduce hacia una perspectiva saludable, y hacia una verdadera santidad en la vida.

Epílogo

Al principio de este libro conocimos la historia de la caída de Jill en el adulterio. ¿Cómo pudo arreglar su vida?

"Estoy tan agradecida a Dios de haber encontrado una iglesia que ha sido un oasis para mí, y personas que me aceptaron, me levantaron, y me alentaron en mi andar con Jesús. Casi lo echo todo a perder por la vergüenza que sentía." Jill encontró la sanidad perteneciendo responsablemente a una comunidad de fe.

"No creo que yo hubiera podido admitir cuánto se me había secado el corazón de tanto dolor, la vergüenza y el sentimiento de culpabilidad que sentí por toda una vida de haber buscado la aprobación y la seguridad en otros, así como por haberme divorciado de Gavin y lastimado a tantas personas, principalmente a mis hijos y nuestras familias." Dentro de la familia de la iglesia, Jill ha encontrado un lugar donde la conocen, la reconocen y la aceptan.

"Fue en este grupo de personas que comencé a ser genuina conmigo misma, con otros y con Dios. Me sentí totalmente aceptada, con mis cicatrices y todo, y al mismo tiempo retada por ellos a reestructurar muchos aspectos de mi vida." Ella les ha pedido a varias personas de su pequeño grupo de estudio bíblico, que la ayuden en sus aspectos vulnerables. "Me he hecho responsable ante mis amigos de la iglesia. Les he dicho que me chequeen, y yo he prometido decirles si estoy sintiendo alguna debilidad o tentación." Ella sabe que si se siente ansiosa es probable que se apoye en su belleza exterior. "Cuando se me ofreció la opción de ir a consultar en Michigan o Los Ángeles, me decidí por Michigan porque pensé que allí estaría menos inclinada a querer usar mi sexualidad y mis atractivos." Jill tiene un ministerio activo dentro de la comunidad donde está involucrada en el cuidado pastoral, y ora por los que necesitan la sanidad. Ella encuentra que el poder ayudar a otros es algo tan emocionante como dar a luz un hijo. "No quiero que se me olvide jamás lo electrificante que es sentirme disponible para Dios y ser usada por Él." Ella cree que es imposible vivir una vida cristiana separada de una comunidad de cristianos que la apoyan y retan, y le dan una perspectiva a su vida.

Jill también ha sido sanada dentro de esa comunidad de cristianos. "Para mí, el *proceso* de sanidad ha sido largo, a veces doloroso, desafiante y arduo." Se da cuenta de lo mucho que necesita el compromiso y la responsabilidad de los demás, cuánto necesita que ellos iluminen las partes oscuras de su mente y su corazón. "Fue la comunidad la que me alentó a enfrentar mi dolor, perdonarme a mí misma y ser genuina."

Jill habla de un retiro que la ayudó en el proceso de sanidad: "Mientras caminaba, tuve una visión muy clara en mi mente de mi corazón como un pedacito de carbón. Jesús me vino con una preciosa caja de cristal, en la que había un cojín de satín con un corazón de oro sólido. Se detuvo frente a mí y me la dio sin decir nada, pero yo sabía que me estaba diciendo que dejara ir mi dolor, que le diera mi viejo corazón negro y que tomara el nuevo."

Más tarde ese mismo día, ella le pidió a algunos miembros de la iglesia que oraran con ella. Lloró por los errores que había cometido durante el adulterio y el divorcio. Uno de ellos le dijo: "Veo tu vida como un rompecabezas. Has tratado con tanta vehemencia de armarla, y las piezas no acaban de estar en el lugar preciso. Veo a Cristo tomando esas piezas y poniéndolas con amor en el marco de tu vida, de tal manera que encajen perfectamente. Tal vez no sea lo que tú te has imaginado, pero Jesús está aquí para poner las piezas en su lugar."

Con ayuda de la comunidad de fe, y la labor sanadora de Jesucristo, Jill está construyendo una vida plena, rica e íntegra. ¡Nosotras también podemos hacerlo! Podemos edificar nuestra vida día tras día. Nuestro continuo luchar con las tentaciones que enfrentamos puede facilitar un proceso de crecimiento que nos lleve a través del perdón hacia la libertad y la santidad.